北京市教委2015年人才强教计划

视听传播专业丛书

视听内容的产业链开发

Derivatives Development of Audio-Visual Art

曹　畅　编著

中国传媒大学出版社
·北京·

序

Foreword

随着社会的进步和经济的发展，我国视听内容产业逐渐形成了商业意识和市场意识，呈现出多元化的商业运作理念，凸显了跨界融合的时代特征和产业趋势。视听内容的商业属性，是技术和艺术相结合的综合体现，也是视听内容产业发展新格局提出的要求。商业化产品已成为视听内容产业发展的主要方向，一些规范性和策略性的发展措施已经出现。在当下的时代，新媒体占据主导地位，是以“互联网 +”为发展趋势的时代，出现了适应新媒体时代发展的视听内容，发生了从 IT 到 DT、从受众到用户等的转变。当行业之间的壁垒逐渐被打破之后，用户需求成为产业决策的依据，因此，视听内容产业链的形成与发展需要借鉴传媒产业的发展形态，也需要提升定位精准的用户意识和创新意识。这就要求新时期的视听内容创作者具备更加开放的视野和更加敏锐的头脑，能够看清市场的发展趋势、有选择倾向地对市场的诸多可能性进行分析和预判，从而把握正确的市场导向和产品价值。

目前，国产电影走向了院线和 IP 主导的双重发展道路，IP 是新的产业形态的代表，小说、音乐、综艺节目、网络剧、漫画、游戏等都为电影提供了诸多可供改编的参照物。IP 成为时代的宠儿，一个好的 IP 可以开发出接近全领域的好产品，IP 的商业价值和产业形态呈现出可持续发展的态势。在这种情况下，IP 的作用无形中被放大了，被推上了时代的风口浪尖，这就要求视听内容创作者与电影人一样，具备多元化的 IP 思维，注意将某个领域的成功案例复制到内容制作与视听内容产业的发展之中，实现跨界的优势融合，从而减小行业风险，拓展行业价值。如果说 IP 是目前产业运作的前期阶段，衍生品则指向与之对应的后续产品的开发，作为产业链条运转的重要环节，两者之间的发展是相互影响、相辅相成的。

本书正是从新时期、新发展对视听内容创作者的要求出发，从热议度逐渐升温的视听内容衍生品的角度出发，通过对大量当代影视产业、电视综艺节目、流行文化、现代演艺，以及 IP 等视听内容成功与失败案例的对比分析，阐释了法律制度、资本市场、人才储备、电影模式等因素对于视听内容衍生品产业的现实意义。本书参考了大量的学术资料和数据，深入探讨了国内外电影、电视剧、综艺节目、网络游戏等衍生品的形态与发展，并对消费者心理和衍生品发展策略进行了分析，期望能够为打造较为完善和具有新意的视听内容产业链提供借鉴和参考，给“互联网 +”时代视听内容产业的发展提供更多的策略构想和观念启发。

当然，新媒体时代视听内容产业链的形成与完善并非一朝一夕就可以实现，本书涉及的内容与观点也仅是冰山一角。也许，正确的道路需要经过几十年甚至更长时间的历练与磨合；也许，产业链自身展现出的创新、解体、再创新……如此的循环往复会一直持续下去。只要我们始终保持对这份事业无限的热爱和执着的信念，视听内容产业链的发展将会呈现出一个良性的、持续的全面发展形态，既顺应不同时代的需求与想象，又顺应人类固有的物质与精神的发展历程。

本书参考借鉴了大量的数据与资料，编写过程也是作者自我完善和学习的过程。对于帮助过我的人，在此一并致谢！也感谢给我提出意见的老师和同学们！在本书的编写过程中，正值我参与拍摄江苏卫视大型励志真人秀节目《前往世界尽头》和中央一套的《挑战不可能》节目，感谢在拍摄期间节目组给予我的配合和帮助！

曹　畅

目 录

CONTENTS

第一章 电影衍生品内容和产业链发展介绍

+ 第一节　电影衍生品
+ 第二节　国外电影衍生品产业链蓬勃发展之路
+ 第三节　我国电影衍生品产业现状
+ 第四节　我国电影衍生品产业发展之路荆棘密布，但前途光明随着数字技术、网络技术和信息技术的飞速发展，视听时代趋向产业化，特征越来越清晰。在视听时代，文化事业得到了很大发展。首先，广播影视文化成为社会消费文化的主流；其次，基于信息网络技术的视听新媒体出现后，视听文化得到普及并且变得日益大众化，一切文化、传播、媒介、信息均可以“视听”作为表现形式。视听文化将在历史的长河中留下属于这个时代的印记。

视听内容是指一切与影像和听觉有关的内容。我们在这里介绍的视听内容主要以大众娱乐产业中大家比较熟悉的电影、电视剧、综艺节目、网络游戏和舞台剧大型演出为主，探讨视听内容所衍生出的产品的产业链开发。延长视听内容产业价值链，重视对视听内容产业链的开发和经营，已经成为全球视听产业运营模式的重要特征。对于“视听内容的衍生品产业”的理解有多种方式，国内外对此也有很多研究，可以肯定的是，它首先是指一切与视听内容相关的产品和收益。

第一节　电影衍生品

一、何为电影衍生品

电影衍生品从严格意义上来讲是属于经济范畴的词语，主要是指伴随电影的上映而推出的电影周边产品，通常包括带有电影元素的玩具、饰品、服装、音像、图书、日用品等多种商品，同时，诸如由电影改编的游戏、电影院在线下销售的其他商品、与电影有关的主题乐园等，也都被广泛地认定为电影的衍生品。

二、电影衍生品意义何在

对于传统意义上的电影产业，票房是判断一部电影投资是否成功的主要依据，电影投资者依靠票房来获取丰厚的回报，从而取得一定的经济效益。[①] 但随着时代的进步，电影产业竞争日益白热化，要想继续从电影产业中获取丰厚的利润，就必须开拓出新的盈利模式，而电影衍生品产业的发展也迎合了这种趋势，在当今社会，电影衍生品产生的利润已经远远超过了电影票房的利润，成为电影产业主要的利润来源。

美国电影产业获得了极大的成功，其中许多知名大片都借助电影衍生品获得了丰厚的利润。以我们熟知的“哈利·波特”系列电影为例，“哈利·波特”系列电影仅有 30% 的利润源自电影票房，其余 70% 的利润均源自电影衍生品，主要包括书籍、录像带、玩具、文具、服装、饰

（图片来自“哈利·波特”系列电影）

① 参见熊波：《新媒体时代中国电视产业发展研究》，武汉大学 2013 年硕士论文。

品等。这些电影衍生品不仅让投资者获取了丰厚的利润，同时也将“哈利·波特”系列电影做成了一种文化符号。在美国，哈利·波特被认为是一位集传统美德和坚韧品质于一身的偶像代表，是一部分美国人的精神支柱，由此可以看出，电影衍生品不仅仅创造了经济价值，更为社会创造了文化价值。①

电影产业要寻求新的突破、取得新的发展，就要重视电影衍生品的开发，电影衍生品打破了传统电影产业的盈利模式，带给电影产业新的盈利方式；更为重要的是，电影衍生品甚至可以帮助电影筹集拍摄资金，为电影本身的运作提供强有力的支持。

第二节 国外电影衍生品产业链蓬勃发展之路

国外电影产业起步较早，无论在经验还是技术方面都比较成熟，特别是美国的电影产业，已经是公认的世界电影产业的代表。据权威数据显示，美国电影产业创造的 GDP（国内生产总值）已占美国总 GDP 的 1%。因为有如此庞大的市场，美国电影产业才制造出了许多“大片”，美国电影产业不仅在制作等方面值得我们学习，其电影衍生品产业蓬勃发展的原因更值得我们深思。

一、《复仇者联盟 2：奥创纪元》衍生品内容丰富，合作形式广泛

《复仇者联盟 2：奥创纪元》是一部美国出品的科幻冒险电影，主要讲述的是美国强大的超级英雄拯救世界的故事，是典型的美国英雄主义电

① 参见孙明强：《市场与规制：国产商业电影市场的实证研究》，武汉大学 2013 年硕士论文。

（图片来自电影《复仇者联盟 2：奥创纪元》）

影。该片是《复仇者联盟》的续集，在美国电影业的影响力巨大。

《复仇者联盟 2：奥创纪元》于 2015 年 5 月上映，上映一周票房已经突破 10 亿美元，成为当仁不让的美国大片。但其实早在《复仇者联盟 2：奥创纪元》上映之前，电影制作方就已经开始进行衍生品产业的开发，《复仇者联盟 2：奥创纪元》与阿里巴巴、天猫、奥迪、乐高等 40 余家企业进行了电影衍生品的产业合作，涉及玩偶、服饰、汽车等诸多领域，并取得了优秀的业绩。以汽车领域为例，《复仇者联盟 2：奥创纪元》制作公司与德国大众公司合作，打造了雷神版奥迪 TT 限量跑车和美国队长版奥迪 TT 限量跑车，该车限量发售当日就被预定完毕，《复仇者联盟 2：奥创纪元》的影迷和奥迪 TT 的车迷都渴望拥有一款如此完美的跑车，拥有限量版跑车的影迷和车迷开始了最低调的炫耀。《复仇者联盟 2：奥创纪元》除了在美国本土拥有超高人气之外，在中国也同样备受关注。自上映以来，中国多地的商家都开始进行以超级英雄偶像为主角的宣传活动，钢铁侠、浩克、美国队长等人物形象的巨型雕像随处可见。同时中国多地的迪士尼专营店也开展了相应的营销活动，限量发售《复仇者联盟 2：奥创纪元》周边产品，部分城市购买产品的人排队超过 1，000 米。由此可见，电影衍生品的市场需求巨大。

电影衍生品不仅在外国拥有极高的人气，在我国同样受到众人追捧。

（图片来自网易）

（图片来自百度）

在《复仇者联盟 2：奥创纪元》电影衍生品市场获得成功的背后，我们更应该关注其衍生品的 IP 战略，所谓 IP，即英文“intellectual property”的缩写，直译为“知识产权”。《复仇者联盟 2：奥创纪元》是一部典型的迪士尼 IP 电影，按照迪士尼重要的 IP 战略，迪士尼将该片中的诸多英雄形象 IP 化，不仅仅生产有英雄形象的玩偶、服饰、饰品等简单的电影衍生品，更将诸多英雄形象打造成风靡一时的文化符号，使角色本身更具魅力，以这种角色魅力吸引更多人群的关注，从而在电影衍生品产业上也取得了成功。

二、《冰雪奇缘》衍生品受少女欢迎，目标消费者明确

《冰雪奇缘》是根据安徒生的童话改编的电影，讲述了公主安娜的冒险故事，并更多地向观众介绍了安娜和她姐姐冰雪皇后艾莎的关系，该片

（图片来自电影《冰雪奇缘》）

成为美国卡通电影的代表作。

《冰雪奇缘》是迪士尼的第 53 部动画作品，上映后取得了迪士尼史上电影票房榜第 5 名的优异成绩，其主题曲 *Let It Go* 也红遍大江南北。与此同时，伴随着《冰雪奇缘》的上映，各种相关画作、手工制品、角色扮演（cosplay）等衍生品层出不穷，迪士尼更推出了冰雪奇缘卡拉 OK APP store，成为电影衍生品中比较具有新意的一种产品。冰雪奇缘卡拉 OK App store 是一款音乐随唱软件，它包含了电影《冰雪奇缘》中 9 首经典曲目，并可以根据用户的需要创建个人曲库，随时分享音乐作品。除了富有新意的电影衍生品之外，与之相关的传统的电影衍生品也大获成功。据相关数据显示，《冰雪奇缘》“公主裙”不到一年时间就销售了 300 万条，成为俘获少女芳心的利器，仅公主裙产品的单项收入就达到 4.5 亿美元，而《冰雪奇缘》整个票房才不到 4 亿美元，由此不难看出电影衍生品的经济价值。

除了在传统电影衍生品市场战绩辉煌之外，迪士尼还为《冰雪奇缘》

（图片来自搜狐网）

打造了 16 款主题食品和医疗保健品，产品种类非常丰富，不仅包括水果、果汁、酸奶，甚至还包括创可贴和牙线。与此同时，《冰雪奇缘》迪士尼主题乐园也将面世，其中最让人瞩目的莫过于届时在每个夜晚，艾莎将会使用她的魔力将迪士尼招牌的灰姑娘城堡变成冰雪宫殿。《冰雪奇缘》的高电影票房值得我们惊叹，而更值得我们惊叹的则是伴随着《冰雪奇缘》电影而推出的丰富的衍生品也用实际案例证明了电影衍生品市场的无限潜力。

三、电影衍生品之主题公园经营模式：迪士尼乐园与环球影城

电影主题公园是指以一部或多部电影的故事题材为主题的大型游乐园，是电影业因开发后电影市场而与娱乐业相结合的一种经典模式。电影主题公园以成功电影的故事或视觉形象为主题，应用各种高科技的手段，以互动性的游戏为载体，形成与电影密切相关的主题公园，它既是游戏，也是一种新的艺术形式。它为受众提供了一种新的参与方式，延续了电影的生命，是电影产业与高科技发展相结合的新兴产品，该产品正处于发展

（图片来自迪士尼公司）

（图片来自美国环球影城）

的黄金时期，是电影后产品中一个很重要的组成部分。世界上最早、最成功的主题公园迪士尼乐园，就是在迪士尼动画片的基础上建立的。在电影主题公园里，除了演员装扮的电影角色以及大量的道具、布景外，迪士尼公司还利用许多现代的高科技手段，将电影里的角色、故事、环境逼真地再现到游乐场中。高科技制造的游戏设备和逼真的仿真效果，为游客提供了更有趣、更真实的互动游戏。

无论是《复仇者联盟 2：奥创纪元》，还是《冰雪奇缘》，对于电影衍生品的理解还停留在传统意义的电影衍生品上，主要还是通过电影周边的服饰、饰品等商品的销售来创造利润。与这类单纯的电影衍生品不同，迪士尼作为美国著名的电影产业制造商，打造的迪士尼乐园则属于电影衍生品中的“高端模式”。

众所周知，迪士尼乐园是当今最大的电影衍生品，迪士尼公司成立于1923 年，主要经营范围集中在影视娱乐、媒体网络、主题公园和产品消费四大领域，主题公园一直是迪士尼公司最大的盈利点，目前全球落成的

（图片来自迪士尼公司）

迪士尼乐园有 6 座，分别位于美国洛杉矶、美国奥兰多、日本东京、法国巴黎、中国香港和中国上海。迪士尼乐园的成功主要源自其品牌经营策略，即通过品牌营销、品牌推广、品牌资产管理等多元化经营方式来实现企业的利润最大化。迪士尼乐园与电影产业、影视媒体企业、玩具商、服装商等拥有长期固定的合作关系，据相关数据显示，迪士尼乐园门票收入约占总收益的 20%，而相关主题产品的收入占总收益的 50%。

（图片来自百度）

迪士尼乐园的经营模式是独一无二的，并且具有非常高的合理性。迪士尼乐园的运营成本极高，每年约有 1.5 万人在迪士尼乐园内进行表演，迪士尼公司需要支付约 8 亿美元的工资，虽然公园门票可以维系这部分开支，但利润所剩无几。迪士尼公司真正的收益主要来自电影衍生品的销售以及相关餐饮服务，这些产品本身成本较低，但在电影的渲染下它们成了热销品，受迪士尼电影的影响，它们的售价与其他同类产品相比可以高出 10 倍以上，由此产生的利润非常可观。[①] 从迪士尼乐园的经营策略中我们

① 参见杨光琼：《“后电影”产品的开发与营销策略研究》，湖南师范大学 2014 年硕士论文。

可以看到，迪士尼乐园的礼品店位于出口处，这不仅有利于礼品销售，同时销售出的礼品也对迪士尼乐园进行了二次推广，这种推广方式产生了意想不到的效果，它的作用远比直接投放广告更加有效。简而言之，迪士尼乐园的经营模式就是让游客以低价的方式走进乐园，并最终用高价选购商品后再走出乐园，只要游客基数庞大，迪士尼乐园的利润就能保持在一定水平。

（图片来自百度）

世界上有很多类似于迪士尼乐园的主题公园，但它们的经营现状让人担忧，那么迪士尼乐园是凭借什么一直屹立不倒呢？要揭晓答案，就需要我们通过迪士尼乐园的现象，看到迪士尼乐园的本质。首先，迪士尼乐园的运营方式是一种以人为本来创造快乐的模式。迪士尼乐园一直以人为本，以游客的需求为本，伴随着电影产业的兴衰，每当一部迪士尼电影火爆银幕之时，迪士尼乐园就增设相关的主题乐园，满足人们对电影的新鲜感以及线下的体验感。其实每位游客进入迪士尼乐园中，是花费时间和金钱来换取一种电影体验，得到一种电影经历。曾几何时，迪士尼乐园推出过一项类似中国泼水节的活动，活动模仿的是一部著名电影中的场景，每天到迪士尼乐园体验泼水活动的游客络绎不绝，而他们收获的就是这种类电影式的体验。其次，迪士尼乐园长盛不衰的原因在于其坚持不断创新。创新对于迪士尼乐园来说是一件相对容易的事情，迪士尼公司作为一家电影制造商，每年出产多部电影，只要遇到卖座的电影，迪士尼公司都可以将其元素引入到迪士尼乐园中，为迪士尼乐园创造丰厚的利润。再次，迪士尼乐园可以担当区域性产业结构的主角，为区域经济的发展带来良好的推动力。世界上很多城市都希望迪士尼公司在当地修建迪士尼乐园，这不仅会提升城市的整体形象，更会为城市带来丰厚的利润。以中国香港的迪士尼乐园为例，该乐园是由香港特区政府出资建设的，并且是香港特区政府首次出资建设的大型商业项目。据历史数据显示，修建迪士尼乐园首年入园人数可超过 500 万次，15 年后可超过 1 亿次，这相当于香港一年的游客数量，能为香港特区政府带来超过 1,500 亿港币的净收益，这些收益将是投资的 10 倍以上。

同样，在环球影城，游客可以参观电影的制作过程，回顾经典影片片断。环球影城内有三个游览区，分别是电影车之旅、影城中心与娱乐中心、娱乐动物明星表演。影城出入口旁还有一个 20 世纪 50 年代风格的购物区——宇宙城。在电影车之旅游览区，你可以参观电影实际的幕后制作及特殊的摄影技巧；乘坐片场的游览车，沿途会经过金刚、大地震、大白鲨及其他电影的场景，游客可以亲身体验金刚带来的震撼，以及地震、大白鲨和火山爆发的恐怖。

拥有了以上诸多特质，迪士尼乐园和环球影城等主题公园能长盛不衰地经营就不难理解了，我国部分主题公园也需要借鉴迪士尼乐园的成功之道，将电影衍生品产业进一步发展壮大。

四、院线“爆米花”产业分析

谈及电影衍生品，就不得不提电影产业中一个最重要的组成部分——

院线。院线作为电影产业的出口，决定了什么时间向观众展示什么电影，更成为一部电影是否可以取得高票房的决定因素。对于院线而言，其传统盈利自然源自电影票收入；但随着院线的固定成本——租金、维护费用、人员开支的持续增加，院线不得不开拓新的盈利项目来维持其庞大的开支。在院线寻找利润出口之际，“爆米花”产业引起了人们的关注，经过一段时间的经营，院线发现爆米花、饮品的销售利润已经大大超过了票房收入，成为主要的利润来源。

以美国为例，美国院线内销售的爆米花、饮料、炸鸡等商品产生的利润已经远远超过了票房数倍，而“爆米花”产业也成为院线收益的一项重要来源。当“爆米花”产业逐步引起人们的重视之后，美国院线便增加了许多新的措施来提升“爆米花”产业的经济利润，比如开放自助式购买服务、将商品价格融入到票价之中，更有诸多院线开设了正式的餐厅，靠电影观众来维持整个餐厅的运营。形成“爆米花”产业的原因主要是人们在观影过程中对于爆米花、饮料等产品有刚性需求，而影院在提供这些产品的同时也向观众提供了附加价值。比如在影院内购买这些食品更加方便、更节省时间，这一便利条件使商品的价值得到了提升，为影院创造了丰厚的利润；而影院作为人员密集型产业，每天拥有足够庞大的客流基数，因此“爆米花”产业成为院线的经济支柱也在情理之中。①

除了“爆米花”产业之外，我们还能看到在院线食物包装上往往印有一些电影的广告，以此来帮助电影进行进一步的推广。这种广告的效果十分明显，可以引导一部分观众根据广告内容选择电影，由此也产生了另外一种电影衍生品——广告产品。广告收益也是目前院线收益的重要来源，一些电影制造商愿意将其电影名、影片中的人物形象印在电影院销售的食品包装上，从而引导观众观影，这些广告效果对于电影制造商来说也更加直接，目标群体也更加符合。据 Screenvision 公司统计，2013 年，从爆米花纸桶、饮料的纸杯，到影院大厅里的陈列品，从批准促销员进入电影

① 参见刘杰：《基于价值链的影视产业盈利模式创新研究》，河北大学 2014 年硕士论文。

院向观众推销，到配合其他品牌举办商业宣传活动，都成了电影院线赚取广告收入的手段，这部分收益占到了院线收益的 10% 以上，并且呈现进一步增长的态势。

第三节　我国电影衍生品产业现状

一、《煎饼侠》衍生品准备不足

《煎饼侠》是由大鹏主演，于 2015 年 7 月上映的一部喜剧电影，影片主要讲述了人气爆棚的演员大鹏由于一次意外事故跌入人生谷底后

（图片来自电影《煎饼侠》）

发生的趣事。类似于许多美国大片,《煎饼侠》以搞笑的方式讲述了主人公拯救世界的故事,但不同于国外电影中的诸多“侠”,煎饼侠的形象并未随着电影的上映而深入人心。《煎饼侠》电影在宣传方面很下功夫,在票房方面也独占鳌头,但其没能产生长期效益,影片上映仅仅一个月之后,大部分影迷已经不再关注《煎饼侠》。这种局面也反映了中国电影重视短期效益的特点,始终无法产生类似《蜘蛛侠》《钢铁侠》等能产生持续效益的影片。

(图片来自电影《钢铁侠》)

我国的电影产业还处于重视电影票房的阶段,其鲜有的电影衍生品,也都是为了争取更高的票房而作为陪衬出现的。在电影《煎饼侠》中,我们几乎没有看到电影衍生品的存在,哪怕是传统的玩偶、服饰、饰品都寥寥无几,更无法形成一个拥有一定规模的电影衍生品产业。电影衍生品原本应该在电影拍摄之前就开始筹划制作,甚至为了电影衍生品的销售,需在电影中植入一些特定的镜头,但这在《煎饼侠》中没有得到体现。虽然《煎饼侠》创下了颇高的票房纪录，也赚取了一定的名声，但从电影产业链开发的角度来看，《煎饼侠》这部影片衍生品的缺失也导致了人们在短期内就将《煎饼侠》淡忘了，没有形成一个经典的电影人物形象。从《煎饼侠》中我们也能看出我国电影产业的弊端：主要依靠一些著名演员来赢取票房，缺乏长期性、整体性的规划方案。这也意味着我国电影产业尚处于初级阶段，电影衍生品产业的开发更处于萌芽状态，要进一步发展还需要从长计议，更需要我国电影公司和周边商品生产企业相互配合、共同努力，促进我国电影衍生品行业的发展和进步。

二、《喜羊羊与灰太狼》衍生品的发展局限

相比于《煎饼侠》的短期效益，《喜羊羊与灰太狼》则是一个长期火爆的系列电影。《喜羊羊与灰太狼》最早是由广东原创动力公司制作的系列动画片，主要讲述了一群勇敢的小羊挑战灰太狼的故事。随着动画片的火爆，该公司又逐步推出了系列电影作品，也成了受人们喜爱，尤其是受小朋友关注的重要作品。

不得不承认，《喜羊羊与灰太狼》是一部适合诞生优质电影衍生品的电影作品。首先，《喜羊羊与灰太狼》主要面向儿童市场，与影片相关的玩偶、服饰、饰品等更容易被孩子接受，拥有非常广阔的市场空间。其次，《喜羊羊与灰太狼》经历了同名动画片的长期宣传，喜羊羊的形象深入人心，且已经拥有了意志坚强、不惧困难等拟人化特征，更适合推出电影衍生品。

（图片来自电影《喜洋洋与灰太狼》）

（图片来自电影《喜洋洋与灰太狼》）

再次，《喜羊羊与灰太狼》电影衍生品面向人数最多的儿童消费人群，拥有绝对的市场空间。[①]但《喜羊羊与灰太狼》经历了数年的发展和运作，在电影衍生品产业方面还是没有取得明显进步。我们承认其创造了一个又一个的经典形象，也生产了一个又一个经典的玩偶，并且在文具、服饰方面也略有成绩，但始终没有形成一定规模。不可否认，中国的市场环境在某种程度上扼杀了《喜羊羊与灰太狼》的电影衍生品。与《煎饼侠》完全不同，《喜羊羊与灰太狼》希望大力发展电影衍生品，也努力进行了生产筹备，但由于我国对于版权保护不严格，没有版权的厂家大量生产《喜羊羊与灰太狼》周边产品，且销售渠道十分复杂，导致正版产品销量甚少。

从《喜羊羊与灰太狼》动画片，到电影《喜羊羊与灰太狼之兔年顶呱呱》《喜羊羊与灰太狼之牛气冲天》《喜羊羊与灰太狼之虎虎生威》，我们确实看到了国产电影在衍生品方面做出的努力。根据《喜羊羊与灰太狼》

① 参见唐荷：《国产电影之衍生品产业链设计和发展研究——以〈喜羊羊与灰太狼〉为例》，上海外国语大学2012年硕士论文。

改编的音乐作品《嫁人就嫁灰太狼》更是红遍大江南北，甚至引发了一代女性关于择偶标准的讨论。与此同时，《喜羊羊与灰太狼》中聪明的喜羊羊和搞笑的懒羊羊形成鲜明对比，引发了更多观众开始讨论在物质至上的社会中什么才应该是生活的本源。一部动画片作品能引发对于生活态度的讨论，足以见得《喜羊羊与灰太狼》带给我们的不仅仅是单纯的欢乐，也正是由于《喜羊羊与灰太狼》具备传播文化元素的作用，才给其电影衍生品带来了发展空间。但从实践中来看，《喜羊羊与灰太狼》的衍生品一直处于不温不火的状态，这也许是因为我国的电影衍生品市场环境还未达到一定标准，也许是因为《喜羊羊与灰太狼》电影衍生品的生产者们还不够努力，但我们从中看到了我国电影衍生品广阔的发展空间，而在未来几年内，国内的电影衍生品市场或将迎来新一波发展。

第四节 我国电影衍生品产业发展之路荆棘密布，但前途光明

随着时代的发展，我国的电影产业也逐步走向国际化，从中国电影一次次在世界各大电影节入围，到最终获得各种奖项，中国元素的电影已经开始得到全世界的关注，从数量上来看，我国已经成为世界头号电影强国，电影产业发展势头强劲。我国的电影产业飞速发展，电影衍生品产业却一直处于原地徘徊阶段，始终没有取得辉煌的成绩，相比我国的电影产业，其发展存在严重的滞后性。究竟是什么因素才导致电影衍生品产业一直处于停滞状态？我国的电影衍生品产业又应该做出怎样努力呢？下面从五个方面来加以说明。

一、法律制度

法律是社会的基石，是社会不断发展的重要保证，对于我国电影和电影衍生品产业而言，法律的保护异常重要。从目前的实际情况来看，我国电影及电影衍生品产业的相关法律制度并不完善，针对版权问题的法律制度尤为缺失。电影衍生品的发展需要法律提供绝对的版权保护，只有电影公司才能生产相关的电影衍生品，而目前中国在这方面的问题十分严重，我们可以随处看到劣质的电影衍生产品。它们不仅损害了电影开发者的权利，同时也导致电影衍生品的口碑不断下降，对于我国电影衍生品产业的发展极其不利，[①] 这致使我国电影衍生品产业的发展一直处于停滞状态。

未来，我国的电影衍生品产业应该受到法律的全面保护，要提高保护电影品牌及相关衍生品的意识。现有的相关法律对于电影的道具、场景、情节等要素没有进行相关保护，亟须专业化的制度和规定来规范行业的发展，因此建立健全的法律保障体系是我国电影衍生品产业发展的首要因素。与此同时，我国法律还应该严厉打击盗版行为，加大处罚力度，让盗版行为完全没有生存的环境。

二、资本市场

在我国电影产业经历过黄金十年之后，产业规模不断扩大，流入电影产业的资金也不断增多，表面来看对于行业发展十分有利，但从本质上来看却完全相悖。大批资金的注入，导致很多不具备专业水平的人员进入电影市场，其拍摄的电影多为商业片，这类电影仅仅通过给电影植入硬性广告、大牌明星加盟的方式盈利，这对于电影业本身的发展没有丝毫促进作用，对于电影衍生品产业更不会起到丝毫的积极作用。没有优质的电影产出，自然就不会诞生优质的电影衍生品，这也是我国目前电影产业和电影

---

① 参见田粟源:《电影版权评估研究——以中国电影市场为例》，山东财经大学 2014 年硕士论文。

衍生品产业需要及时解决的重要问题。

面对这种情况，我国电影产业的发展应该更重视质量，而不应该只重视数量，应该让更多具有专业能力、专业水平的人加入电影产业之中。只有经过这样的洗礼与发展，我国的电影产业才能真正做大、做强，电影产品的品质才能得到保障。只有产出优质的、让人们铭记于心的电影产品，相关的电影衍生品才有充分的发展空间。电影产品的品质不佳，电影衍生品的发展必然受阻。[①]因此，在未来的电影产业发展过程中，我们更应该关注电影本身，而不应该将电影过分商业化。

三、人才储备

任何行业的发展都需要建立在拥有充足人才的基础上，尤其作为电影产业，更需要优秀的人才以及团队为电影产业做出贡献。从我国目前的情况来看，首先，我国的电影产业缺乏复合型的人才。我国的一部分电影人对于电影本身十分有造诣，但是缺乏对市场需求的了解；另一部分人则充分了解市场需求和市场运作，但对电影本身的专业程度不够。无论是哪种人才都不能充分推动我国电影产业的发展，因此我们需要培养复合型人才，让既懂电影、又熟悉市场运作的人才加入到电影产业之中，为我国电影产业的发展贡献力量。[②]其次，我国电影产业品牌管理型人才缺失。电影衍生品依附于电影本身，因此电影的品牌管理至关重要，创造一个电影品牌本身就困难重重，让一个电影品牌持久不衰更是难上加难。从我国实际情况来看，尚未拥有类似迪士尼品牌的管理人才，因此我国需要培养这部分人才，让电影形成一定的品牌效益，而这种品牌效益将对我国电影产业的发展起到非常重要的作用。再次，电影衍生品

① 参见郝思洋：《我国电影衍生品产业的知识产权保护瓶颈》，《太原师范学院学报》（社会科学版），2011（2）。

② 参见王沁沁、张宏：《衍生的商机——电影衍生品的市场透视》，《当代电影》，2011（10）。

设计人才缺失。电影衍生品产业是一个要求极为严格的产业，并不是根据电影中的角色或场景来制作相关产品，而是应该提前进行运作。在电影拍摄时，电影衍生品设计者应该进入到电影制作之中，参与设计电影主角的形象，通过适合的衍生品来决定电影的场景运用。因此，电影衍生品的设计者至关重要，他们的设计不仅关系到电影衍生品的销量，甚至会影响到电影本身的热度。我国应该重视电影衍生品设计的专业人才培养，从而帮助我国电影产业取得更优秀的业绩。

四、市场培养

从我国的实际情况来看，我国的电影产业市场空间广阔，但目前尚未被完全利用起来，而电影衍生品产业的发展更存在一定的滞后性，其目前市场开拓程度不足 10%。我国电影产业发展的迟缓不是由于我们无法支付电影拍摄的成本，而是因为电影从拍摄到上映的过程中经过层层关卡，制作费用大为增涨，导致人们的观影成本大幅度提升，消费电影本身已经成为难题，更何况消费电影衍生品。因此我们需要借鉴国外的先进经验，先从一些相对低端、相对廉价的电影衍生品入手，让人们了解电影衍生品的概念，再逐渐加大投入力度，逐步打开电影衍生品产业的大门，这对于我国电影衍生品行业无疑是一个最佳的解决方案。①

五、电影模式

电影衍生品对于电影产业链的价值非常重要，但我们也深知并不是所有的电影都适合开发电影衍生品，适合开发电影衍生品的电影必须拥有具

① 参见王磊、王陈：《王磊：电影衍生品潜力巨大》，《大众电影》，2011（11）。

有一定社会影响力和个性鲜明的主角，只有拥有经典形象的电影才能进行相关衍生品的开发。① 要想使电影衍生品产业有所发展，必须先建立起适合衍生品发展的电影模式，只有一个电影拥有好的题材，同时该题材又被大众广泛接受，我们才可以认为该电影适合电影衍生品产业。因此我们的电影衍生品产业开发人员在选择电影题材、电影模式时需要谨慎。

① 参见曹坤、李景怡、张晨光：《衍生品：电影产业链下游的掘金点》，《当代电影》，2012（5）。

第二章 电视剧衍生品内容和产业链发展介绍

第一节　我国电视剧衍生品概述

电视剧衍生品是指带有戏剧人物形象和电视剧标志性特征的道具、服饰、音像、图书以及日用品等与电视剧相关的周边产品。电视剧的知名度与影响力在很大程度上决定了衍生品的销售业绩，电视剧的收视率越高，知名度与影响力越大，电视剧衍生品的盈利空间也就越大。一部好的电视剧，在电视剧播出结束后的一段时间内，仍然可以继续为企业带来相当可观的利润。从这一点来看，电视剧衍生品已经从根本上摆脱了电视剧的附属地位，成了一种能够独立发展、独立创造价值的文化产品。

电视剧衍生品是在电视剧市场走向成熟的过程中提出来的概念，在国外已经有了几十年的发展历程，然而在国内，“电视剧衍生品”的概念在近十几年才渐渐被人们了解。在日、韩与西方国家，电视剧衍生品已形成一条包括版权、道具、服饰、游戏、音像、图书，甚至主题公园等的多格局、多方面、多层次的完整产业链。仅靠产业链产品的销售和授权，就能够极大地扩大产业利润，发展多家企业公司，提高国民生产总值。相比国外，我国国产电视剧衍生品的开发就明显滞后，国产电视剧的大部分收入都只能来自版权费和植入式广告，甚至许多电视剧衍生品的收入是零。

国产电视剧单靠版权和广告来获取收益，这种盈利模式是“一条腿在行走”，这样是没有很大发展空间的。只有凭借一条完整的产业链和完善的运作体系，才能形成电视剧产业的多元化经营，才能让电视剧产业强大的发展潜力透过巨大的发展空间实现。

当然，这并不意味着国产电视剧没有对电视剧衍生品的全面开发做过

（图片来自电视剧《武林外传》）

一些尝试。例如前些年大火的武侠情景剧《武林外传》就推出了同名手机游戏；系列电视剧《爱情公寓》也推出过同款流行服装等衍生产品；电视剧《花千骨》上映后，其衍生网络游戏《花千骨》也随之上线，与美图秀秀修图软件联手打造的“花千骨”妆容软件也进入市场。但是，这些探索还只处于初级阶段，零打碎敲的努力只能算是聊胜于无，并没有形成对电视剧收益的主要贡献。

那么，电视剧衍生品的开发过程出了哪些问题呢？中国电视剧衍生品开发一直以来处于落后阶段，开发者在国内没有成功的案例可寻，只能一步一步地摸着石头过河。这也就难怪国产电视剧的收益几乎全部来自于版权和广告，而电视剧衍生品大多只能成为配合电视剧宣传活动的摆设了。电视剧衍生品本是属于电视剧产业链条中一个不可缺少的环节，然而国内

（图片来自电视剧《爱情公寓 3》）

电视剧的衍生品市场不够规范，市场开发与销售渠道方面也不够完善和顺畅，最重要的是消费市场的主体还有待挖掘。因此，电视产业链的完善和衍生品市场的开发都有巨大的成长空间。显然，根据我国目前的状况，衍生品市场的发展还有很长的路要走。衍生品的开发需要有深入人心的人物原型及富有远见的衍生品市场开发人员。但是国内的电视剧很多只有发行权，没有原授权，不具备开发衍生品的条件；或者是即使有原授权，但没有开发衍生品的意识；或者是有了开发的意识，却没有独立开发的能力，这些因素都成了电视剧衍生品发展的巨大阻力。观众首先关注的还是电视剧本身的内容，之后才会考虑要不要为衍生品买单，所以电视剧的质量要过关、品牌要建立起来，从而深化文化影响力；同时要挖掘电视剧本身传递的价值观与内在精神，开发与电视剧对应的年龄层次的观众喜欢的产品。对于版权，要有明确的归属与保护意识；对于销售，要有固定的网络和稳定的销售渠道；对于价格，要有专门的定价机构；对于市场，要能引导并培养消费主体购买衍生品的习惯。

（图片来自电视剧《花千骨》）

电视剧的“工业化制作”是一个产业链，我们通常在电视里看到的作品只是这个产业链的“火车头”，电视剧衍生品的开发则是“火车尾”，只有将电视剧产业首尾结合，才能获取最大的利益。而因为目前缺乏专业的授权公司，也没有行业规范，所以人们对电视剧的关注大多还集中在“火车头”的版权和广告费上，导致“火车尾”——中国的电视剧衍生品市场成为一座未开垦的“钻石矿”，因此，国内的电视剧衍生品市场潜力很大，发展空间巨大。

目前国内已有公司注意到这一点，并开始挖掘这座金矿，例如上海的“影通”公司就是专门开发电视剧衍生品的连锁公司，并且在几年时间里已经和国内多家电视剧制作商达成了合作协议。北京一家原来由两个大学生创办、售卖电视剧玩偶的小店——“影客”，现在也做成了拥有多家分店、国内首屈一指的电视剧衍生品代理公司。总之，国内电视剧衍生品市场虽然存在环境欠佳、某些企业盗版等外部干扰以及先天开发意识与技术上的不足导致的内部干扰，但是其市场空间是巨大的，而这一优势也成为不少开发者的动力。

第二节　我国电视剧衍生品产业链开发遭遇的尴尬与机遇

随着市场需求的逐渐上升，我国电视剧产量与收视率再创新高，在此基础上的电视剧产业链构建得愈加完善，电视剧衍生品市场不缺乏购买力，但是创新的电视剧衍生品才能吸引市场的目光。与此同时，电视剧衍生品的产品定位、品类与质量也影响着市场购买力，只有在电视剧文化基础上创造出的多品类、高质量的衍生品，才能带动电视剧衍生品产业的开发。

（图片来自电视剧《西游记》）

消费者对电视剧衍生品的消费需求远超过电视剧本身，所以对电视剧衍生品的创新性开发成为升华电视剧文化内涵的必由之路。电视剧衍生品的价值在于它满足了消费者物质需求的同时，也满足了其精神需求。

一、新版《西游记》的案例分析

文化是电视剧生产的土壤，1986年版的《西游记》与新版《西游记》的作者都以严谨的态度对原著进行了诠释。作为气势恢弘、创作态度严谨的电视剧，它们都当之无愧，但新版《西游记》从开拍到播映，却一直遭受着观众的非议。

新版《西游记》由张纪中制作，张建亚导演，于2012年在国内播出，自开拍便引起了广大观众的强烈关注。随着科技水平的逐渐提高，电视剧在拍摄技巧上已日趋成熟。但新版《西游记》在拍摄画面的色调、人物造型、场景设计以及剧情模式上仍带有 1986 年版《西游记》以及西方魔幻电影的影子，没能做到最大限度的创新。

新版《西游记》的特技与制作水准，可以说是导演张纪中最为重视与得意的，但自开播以来，这一点却恰恰最为观众所诟病。在观众看来，张纪中试图在孙悟空大闹天宫的场景中拍出宏大的效果，但在剧情与场景设计上仍稍显狭隘，并且加上了夸张的特效，使得新版《西游记》失去了它本该有的场景真实度，缺少朴实的情怀。众所周知，新版《西游记》投入了 1.3 亿元，开拍时张纪中也曾试图通过这一电视剧收获更多的市场回馈，以文化热点为价值定位设计新版《西游记》的衍生品走向。因为除了通过发行获取财富价值，新版《西游记》还延伸生产出了相应的衍生品，如玩具、T 恤等。而且《西游记》作为我国四大名著之一，有着极大的影响力，其衍生出来的电视剧《西游记》自然也会受到观众的关注。但新版《西游记》在广受好评并具有巨大影响力的 1986 版《西游记》的框架下难以实现突破，其影响力也十分有限，其相关衍生品《最游记》也遭遇了市场冷落。因此，即便《西游记》本身在我国文化艺术领域中占有非常重要的位置，但如果其衍生出来的电视剧本身不具备较强的吸引力，其电视剧衍生品的开发也必然受到限制。电视剧必须成为经典作品才能产生影响，才能让人们争先恐后地购买其衍生品并长期追捧。因此电视剧衍生品的开发也与电视剧本身联系紧密，只有经典、广受好评与极具影响力的电视剧，才能衍生出富有文化精神价值的产品，才能得到消费者的认可。如果只是在前人的基础上加以模仿，则容易使电视剧饱受诟病，无法扩大其市场价值。因而，即使新版《西游记》投入过亿，在拍摄与制作上效果精良，但仍缺乏观众所期待的创新度，所以其衍生品销售情况自然乏善可陈。而新版《西游记》在衍生品开发中所出现的问题亦是国内电视剧在市场开发中普遍存在的，因而可作为国内电视剧衍生品产业发展的一个典型案例。

（图片来自电视剧《咱们结婚吧》）

二、《咱们结婚吧》电视剧衍生品产业链的最佳诠释

作为一部美好的成人爱情童话，由青年导演刘江执导、国内一线影视明星所主演的电视剧《咱们结婚吧》，阐释的爱情观以及晚辈和长辈的相处之道在极大程度上更新了观众的认知，值得观众用心品味。与此同时，《咱们结婚吧》还实现了央视与湖南卫视的首度联播；湖南卫视在召开《咱们结婚吧》发布会时也宣布两大播出平台将在电视剧采购、播出等环节展开合作；并且，强大的演员阵容也使得这部电视剧在众多同类型国产剧中脱颖而出。

（图片来自电影《咱们结婚吧》）

而《咱们结婚吧》之所以能引起如此强烈的关注，还因为观众能从这部电视剧里看到现实生活的模样以及体会到爱情的真实，能感受到社会的热点问题，亦能直观地触摸到现代人丰富而迥异的婚恋观，这无疑是一部贴近生活、能感染观众的电视剧。因而，随着电视剧《咱们结婚吧》的走红，其衍生品也应运而生。电视剧制作方将观众的期待投入到衍生的同名大电影中，并且全面升级，女主角高圆圆依旧魅力非凡。电影在演员阵容上还加大了砝码，汇聚了以高圆圆、郑恺、李晨、陈意涵、郭碧婷为主的全明星阵容，并穿插进三条爱情线，为观众演绎了一幅温情美好、剧情跌宕起伏的浪漫图景。所以，电视剧《咱们结婚吧》衍生出来的同名电影《咱们结婚吧》上映 5 天后，就收获了近 2 亿元的票房成绩，吸引了众多观众，成了那一时段口碑最好、观影人次最多、覆盖年龄层次最广的一部电影，并掀起了“求婚热”“结婚热”。而随着电视剧《咱们结婚吧》衍生的同名电影被开发之后，剧中出现的插曲、道具、服饰都引起了网友们的热议，由此搭建起了观众向消费者过渡的桥梁。其中，剧中李晨的“帕瓦罗蒂”古董车道具在电影上映之后便引起热议，片中角色的服饰也逐渐成为电商与各大市场的畅销款。

三、《熊出没》，一个好的开始

目前，我国的动画片市场前景相当广阔，但是动画产业的市场运营模

（图片来自动画片《熊出没》）

式却依旧落后。国内对动画片的定位与认知一直停留在对儿童进行教育的水平上，国内观众普遍认为动画片只是儿童的教育消费产品，却忽略了它自身存在的娱乐价值。而国产电视动画片《熊出没》则牢牢抓住市场的需求，实现了电视剧衍生品产业链的高效整合与互利共赢。

电视动画片《熊出没》自 2012 年在电视台首播以来便获得广泛关注，2013 年网络点击量甚至达到了 200 多亿次，位列“中国动漫指数”榜单之首。在剧中，机智勇敢的熊大、憨厚可爱的熊二、奸诈狡猾的光头强三个各具特色的动漫形象深入人心，瞬间掀起了一股“熊出没”热潮。同时，剧中一直提倡和宣扬的保护环境的理念具有很强的教育意义。画面、剧情与动漫角色、世界观以及电视剧主题都丰富了《熊出没》的内涵

（图片来自电视动画片《熊出没》）

（图片来自电影《雪岭熊风》）

意义，因此在很短的时间内，它便获得了超高的收视率。

电视动画片《熊出没》好评如潮，而电视剧的热播也为出品方带来了巨大的市场商机。《熊出没》出品方深圳华强数字动漫有限公司在《熊出没》热播之后，自主开发并与授权商合作生产了包含图书、音像、玩具、文具、食品、饮料、箱包、家居用品、电子设备、新媒体产品等十大类共百余种产品。这些制作精良的衍生品为《熊出没》出品方拓宽了市场渠道，寓教于乐型产品成为深圳华强数字动漫有限公司的主打产品，广大“熊粉”通过这些产品，不仅收获了最佳的感官体验，也收获了“快乐成长”这一精神层面的意义。

同时，随着电视动画片《熊出没》的热播，2014 年其衍生品大电影《熊出没之夺宝熊兵》也以 2.47 亿元的惊人票房刷新了国产动画片最高票房纪录。随后，其衍生品“熊出没”系列品牌的各种图书、玩偶与音像等产品也出现在国内各大超市与街头，成为当下最新的“动漫符号”。据悉，《熊出没·学拼音》《熊出没·学汉字》等一系列图书，2013 年 2 月首批上市即售罄，荣登全国少儿类图书新书销量排行榜第一名，同年 4 月跃升至全国少儿卡通类图书排行榜第 3 名，三个月内共发行了 210 万册。①

作为靠技术与电子产品起家的深圳华强数字动漫有限公司，在制作动画片《熊出没》时已构建好了一整套电视剧衍生品产业链的开发系统，它提倡的是动漫产业链多元化的战略布局，因此在电视动画片《熊出没》火热上映后便获得了极高的利润，《熊出没》的线上衍生品亦销售火爆。这给国内电视剧衍生品产业链的开发带来了启发，未来的国产动画片产业想在市场中盈利，必然需要制作大规模的电视动画片，并且在此基础上生产相应的衍生品，譬如通过对动画片进行游戏改编或用生产相关玩具等方式收获市场效益。

所以，国内电视剧应以文化价值作为电视剧衍生品开发工作的出发点和立足点，重新找准产品定位和方向，充分挖掘衍生品的市场价值，最大限度地发挥出电视剧衍生品的文化亮点，满足消费者的需求。

第三节 电视剧衍生品的开发思路和完善电视剧产业链的路径

一、电视剧衍生品的开发思路

众所周知，中国电视剧市场有不少根据原著改编的作品，早期有《西游记》《红楼梦》这些名著经典，近期有《甄嬛传》《花千骨》《琅琊榜》，

① 参见环球网：《快乐又益智〈熊出没〉携大电影及百余种产品亮相》，http://ent.huanqiu.com/yuleyaowen/2013-09/4340377.html。

（图片来自电视剧《甄嬛传》）

原著对于激发电视剧编剧的创作灵感起着重要作用。一本具有深厚读者基础的原著小说能有效地提高电视剧的收视率并聚拢人气；同时，电视剧的火爆也会极大地促进电视剧书籍的二度创造和再度销售。比如，2012 年根据流潋紫同名小说《甄嬛传》改编的电视剧，该小说此前就在晋江原创网上有大批粉丝，郑晓龙导演在改编之时，大胆地将小说背景移到了清朝雍正时期，熟悉的人物和历史背景使得观众对于改编后的电视剧更具有熟悉感并更加容易接受。该剧热播之后，除了创造了“四爷很忙”等热门网络流行语，也带动了流潋紫的同名原著再次印刷出版，众多电视观众转向原著，去继续品味其中的精髓。

电视剧除了可以促进原著作为衍生品被开发推广，还能衍生出以电视剧为蓝本的原创小说的发行，比如 2007 年热播的青春励志剧《奋斗》，就是在电视剧放送结束后推出了同名小说。[①] 还有 2003 年推出的赵宝刚的民国青春剧《像雾像雨又像风》，也是在同年电视剧播出完毕后上市了完整版的同名小说。这类衍生品的特点是：电视剧本体没有原创文学作品基础，电视剧播出后，以电视剧情节为基础进行内容扩充与改编，创造出原创文学作品，这类文学作品通常以小说形式展现。然而也有特例，如 2001 年古装剧《大明宫词》就独辟蹊径地直接将原剧本进行了适当删减后出版，该剧也是中国电视剧行业衍生品开发中少见的直接发售原剧本的典型案例。

在电视剧剧本基础上改编的文学作品是对电视剧的补充，文学作品与电视剧表现形式不同，很多内容如人物内心的刻画，电视剧无法具体表现，因此以文学作品为主的衍生品能极好地弥补电视剧表现手法的不足，所以电视剧衍生的文学作品与电视剧本体应该相互补充、相互促进。[②]

二、电视剧相关网络游戏的开发是块大蛋糕

根据电视剧开发的相关网络游戏，美国在相关产业上的成就可以作为行业的参考，如美国的 CBS（哥伦比亚广播公司）就和法国某游戏开发商将旗下著名人气剧《犯罪现场》改编成了以悬疑、推理、破解案情为卖点的网络游戏。国产剧最近几年也有类似的衍生品开发，比如 2014 年情景爱情喜剧《爱情公寓》的热播，随后带动了同名手游、页游的开发，甚至连剧中“情侣半价”的口号都一并保留了下来。[③] 这之后，一些聪明的游

---

①② 参见范炀：《电视剧衍生品产业开发策略初探》,《中国集体经济·文化产业》，2010（8）。

③ 参见读天下网站：《看娱乐衍生品如何圈钱》，http://blog.sina.com.cn/s/blog_672b32860101qdj0.html。

（图片来自手游《花千骨正版》）

戏商家看到了电视剧庞大的商机和快速圈钱的效应，与《封神英雄榜》《仙剑奇侠传》《步步惊心》《武媚娘传奇》《花千骨》等众多古装剧合作推出了网页游戏或者手机 APP。

然而需要注意的是，国产电视剧相关游戏的开发还有局限性，按照电视剧类型来看，青春类、修仙类、武侠类、古装宫斗类、推理悬疑类、冒险类这几类电视剧剧种因其跌宕起伏的故事情节、别出心裁的背景设定、眼花缭乱的招式和唯美的人物设计而非常适合衍生游戏的开发。但是，国产剧的播出经常带有一定的趋同性，比如当下修仙类电视剧很热门，各大播出频道便扎堆播放各种演出阵容不同但题材类似的修仙类作品。当这类作品播放热潮一过，开始流行家庭伦理剧时，又继续扎堆播放家庭伦理剧。这种阶段性扎堆的潮流并不适合相关类型游戏的长期发展，因为当家庭伦理剧这种没有游戏开发卖点的电视剧一火起来，便很少会有人再去关注之前类型的剧种及其衍生游戏。所以虽然电视剧衍生游戏对于现阶段的市场具有极大的诱惑力且能够带来丰厚的收益，但是如果不随时关注电视剧类型的流行趋势以及对游戏后续开发的助推，相关衍生游戏便会后劲不足并最终逐渐退出市场。

三、旅游及相关娱乐产业的开发是电视剧保值和增值的关键

2005 年，四川九寨沟景区举报张纪中的《神雕侠侣》剧组破坏当地景区生态一事，不仅让网民将注意力投向对自然景区的保护，也让很多观众通过这部电视剧了解了九寨沟美丽的自然风光。当年有很多《神雕侠侣》的粉丝慕名前往九寨沟参观当地怡人的风光，同时将观光当做对电视剧拍摄地的“巡游”。由此可见，一部优秀的电视剧能够有效地促进拍摄地的旅游业发展，同时，旅游产业的适当开发，也能大大提升电视剧镜头的美感和审美价值。

再以经典韩剧《冬日恋歌》为例。《冬日恋歌》中男女主角少年时嬉戏打闹的江原道滑雪场在被选为该剧拍摄地之前，经营亏损十分严重，该剧拍摄结束并播出后，众多该剧的拥趸慕名而来，江原道滑雪场人气大增，扭亏为盈，该地更被誉为韩国的“情人之路”。还有像韩剧《大长今》播出之后，不但刮起了一股韩式美食的风潮，更是促使众多旅游业商家开发了济州岛“大长今”外景地专线游，吸引了大批仰慕该剧而来参观的游客。①

旅游业作为电视剧衍生品，它的开发一方面可以辅助以该地为拍摄基地的电视剧继续吸引观众的注意力，提高收视率和关注度；另一方面也有利于该地旅游资源的持续发展。电视剧的粉丝们很乐于在时间及财力富裕的基础上前往电视剧中出现的景点、景区参观旅行，他们不仅把这当做放松身心的手段，更是追求一种身临其境的感觉，这是观众对自己喜爱的电

① 参见范炀：《电视剧衍生品产业开发策略初探》，《中国集体经济·文化产业》，2010（8）。

（图片来自电视剧《来自星星的你》）

视剧以及参演明星表达崇拜与尊重的方式。把与电视剧相对应的旅游胜地视为衍生品开发的重点之一，这无论是对当地的旅游业还是对电视剧本身，都是互惠双赢的举措。

四、电视剧引领时尚服装、文化用品的开发

电视剧带动服装衍生产品开发最典型的案例依然还属韩剧。曾经风靡一时的韩剧《来自星星的你》中女主角千颂伊每一集都有 10 套服装造型，该剧热播之后，女主角在剧中所穿的服装瞬间受到了无数年青女性的

追捧和青睐。据时尚行业相关买手透露，该剧中赞助的服装每一件都价值不菲，有的网络达人甚至能将每套服装的设计师、品牌、街拍图都搜索出来。同样被该剧带火的还有千颂伊所用的同款口红，据网络新闻报道称，该剧热播之后，某美国品牌 52 号口红在全球都出现了断货的情况，甚至与该色号相似的几种色号在香港以及北美市场也出现了供不应求的现象。可以说一部“星你”浪潮把整个东亚女性都卷入了这部剧带来的时尚圈子里。

文化用品方面的衍生品涵盖范围很广，涉及音像产品、文体用品和礼品等。一部好剧在播出之后仍具有长久保存的价值，尽管现在新媒体和网络技术发达，观众可以随时在线观看，但是这不代表音像产品市场会就此萎缩。开发商可以根据剧目的受欢迎程度、口碑、该剧的成本投入，适时选择优质作品出品 DVD；可以改变刻录 DVD 的技术，采用数字技术发行高清画质的 DVD；也可以做成精装礼盒收藏版的蓝光 DVD。

五、完善电视剧产业链的路径

当前中国的电视剧市场非常繁荣，各类风格的剧种层出不穷，观众对于优秀电视剧的需求持续高涨，产业前景非常可观。但是，要保持该行业产业链持续健康的发展，必须先要完善内部资源，提高电视剧的质量，改变同一类型的热播剧扎堆播出的现象。

如今的电视剧产业在定位上仍有明显的缺陷，比如雷剧、青春剧横生，儿童剧、动漫剧作品寥寥可数。这一现状造成电视剧市场上高龄观众和低幼龄观众的缺失。因此行业相关人员在开发新电视剧时要充分考虑各种人群的需求，力求在同一时期播出多剧种、多类型的电视剧。此外，开发商应该考虑结合媒体平台，合理利用各种社交网络资源，采用整合营销策略进行推广。

从文化对经济的反作用这一角度来说，电视剧衍生品不仅仅是电视剧影响力的一种表现方式，也是价值观传播与艺术创造的表现形式，更可以通过文化品牌效应带来巨额的商业利润。文化传播的范围及影响力很大，因而电视剧衍生品的经营范围具有不确定性，甚至会发生跨行业和跨媒介经营的现象，这使得电视剧衍生品产业链的发展极其复杂。

中国电视剧衍生品这一概念的提出是在中国电视剧产业的产业链急需扩展、产业发展急需转型、产业经营急需多元化的基础上产生的。因此中国电视剧衍生品产业需要向日、韩和西方国家学习，这将对中国电视剧产业的市场价值产生难以估量的作用。

第三章 综艺节目衍生品内容和产业链发展介绍

（图片来自综艺节目《奔跑吧兄弟》）

第一节　综艺节目衍生品的概况

随着多媒体产业的快速发展，我国的综艺节目也进入了发展的快车道，越来越多的主流卫视都推出了具有自身特色的综艺节目，受到了越来越多观众的喜爱。在电视荧屏上形成了“百家争鸣，百花齐放”的综艺盛况。比如，中央一套推出的大型原创挑战类节目《挑战不可能》，江苏卫视推出的环球励志真人秀节目《前往世界的尽头》，浙江卫视推出的《奔跑吧兄弟》和《中国好声音》，湖南卫视热播的节目《爸爸去哪儿》《变形记》《偶像来了》《快乐大本营》等，以及江苏卫视的《非诚勿扰》《蒙面歌王》等，山东卫视的《先声夺人》、东方卫视的《女神新装》等。高收视率无疑是各大卫视竞争的主要方面，谁能赢得受众，谁就能在综艺节目的发展势头中获得主动权。由于各大卫视定位的宗旨不同，综艺节目的风格也是多种多样。各种类型的综艺节目百花齐放，每个卫视的综艺节目也都独居匠心，给观众带来了不同的视觉盛宴和感官享受。这些立足于不同

（图片来自综艺节目《爸爸去哪儿》）

文化定位的综艺节目引导着一批综艺节目产业链衍生品的开发，形成了各自不同的产业链发展模式。众所周知，综艺电影是伴随着综艺节目的高收视率而衍生出来的一种文化产品。由于这种类型的文化产品主要是植根于电视节目，因此具有电视节目的一部分特点，同时它经过电影手法的再创造，又具有了电影的特色。《奔跑吧兄弟》大电影、《爸爸去哪儿》大电影这些作品虽然在电影界看来是属于中低成本的制作水平，但其巨大的经济效益是建立在电视节目高成本的投入基础之上的，其在电影界的创新和突破也备受瞩目。除了综艺大电影，综艺节目衍生品还包括节目同款手游、娱乐宝众筹、热门APP、节目中的旅游线路、明星同款服饰等。

一、国内综艺节目衍生品的发展趋势

当下综艺节目，百花齐放，百家争鸣。而综艺收视王牌军则一直被《爸爸去哪儿》和《中国好声音》长期占据着。它们取胜的法宝除了节目制作精良外，借势发力制作的节目衍生品也为其在众多的综艺节目中始终

（图片来自综艺节目《中国好声音》）

保持综艺霸主地位立下了汗马功劳。制作综艺衍生品将成为综艺节目发展的新趋势，它将扮演绿叶这一重要角色，并与综艺节目母体长期牵手，共同吸引观众日益挑剔的眼球。《中国好声音》让全民开嗓，趁着热度，电影《中国好声音之为你转身》在2013年12月27日上映。电影秉承《中国好声音》的平凡视角，讲述不平凡的励志故事，年轻、时尚、励志的青春故事吸引了众多《中国好声音》的观众。作为《中国好声音》的衍生产品，《中国好声音之为你转身》正式脱下引进的外衣走向本土化，同时将《中国好声音》推向了新的高潮。

继综艺节目《爸爸去哪儿》第一季大热之后，《爸爸去哪儿》大电影应势而生，这部由节目中五组星爸萌娃全体出演的电影直冲2014年贺岁档，斩获了6.7亿元票房。我们在看到这部电影优异成绩的同时，也看到了综艺节目衍生品的巨大市场。它不仅延长了《爸爸去哪儿》这部综艺节

（图片来自电影《爸爸去哪儿》）

目的热度，为《爸爸去哪儿》第二季的播出稳定了观众，更给了业内人士一个启示：综艺节目衍生品的开发将是大势所趋。

《爸爸去哪儿》第二季播出后，《我和爸爸在一起》无缝衔接，向观众讲述了镜头外的故事，收视率表现不俗。另外这一季《爸爸去哪儿》大有众星捧月之势，除了《我和爸爸在一起》《天天向上》《快乐大本营》轮番上演星爸萌娃秀，更有线上、线下的辣妈大揭秘，这些综艺节目翼配合《爸爸去哪儿》第三季主体，形成了“星爸辣妈萌娃吃芒果”的喜乐会。

2015年第18周在播综艺栏目微博提及量TOP10

排名	综艺栏目	播出频道	微博提及量（万条）	排名变化
1.	奔跑吧兄弟	浙江卫视	93.3	↑
2.	花儿与少年	湖南卫视	67.3	↓
3.	快乐大本营	湖南卫视	48.6	↓
4.	我们相爱吧	江苏卫视	13.1	→
5.	花样姐姐-SMG	东方卫视	12.9	→
6.	真正男子汉	湖南卫视	8.6	↑
7.	天天向上	湖南卫视	7.8	↓
8.	前往世界的尽头	江苏卫视	3.4	↑
9.	青春练习生	浙江卫视	2.4	↓
10.	为她而战	江苏卫视	1.8	↓
数据来源：美兰德·中国电视媒体网络传播监测 Source: 2015.4.27 -5.3©CMMR Co.Ltd				

（图片来自美兰德·中国电视媒体网络传播监测）

《中国好声音第三季》带着广大观众的殷切期盼火热开唱，收视率稳居第一。其节目的衍生品《真声音》接档《中国好声音》，收视率达2.13%，稳居收视排行第三。《中国好声音》第三季开播前，《我的青春高八度》首先带领观众回顾了《中国好声音》的熟悉面孔，作为一部由综艺节目生成的青春歌舞剧，它引领了综艺节目新浪潮，掀起了新的风云巨变。

从综艺节目收视王牌军的经验来看，一档好的节目与其衍生品的关系应该是合作共赢的关系，综艺节目需要衍生节目来丰富镜头外的故事，维护并稳固观众群；而衍生品也需要依托综艺节目来开发，也许有一天衍生品的品牌效应会超越母体，而综艺节目也将生产出更多形形色色的衍生品，吸引观众的眼球。

在王牌卫视滚动式播放综艺节目衍生品的同时，各大视频网站也看准了这块肥肉，纷纷与卫视综艺节目联手，想要把平台价值和节目价值发挥到极致，制作各色的栏目增强互动组合的力量。总体来看，我国综艺节目衍生品的发展趋势是多元化、立体化、全方位的，从而保证了我国综艺节目衍生品的高水平、高质量。

二、"互联网 +"形式下的综艺节目产业链

在互联网经济不断发展的时代下，越来越多的综艺节目衍生品走入了互联网领域，互联网在线平台有利于综合产业平台的打造，扩大销售影响力，发展自身的立体化衍生品销售体系。网络是一种十分便捷的信息沟通交流载体，由于其超越时空的特性，使得众多商家能够全天无间断开张营业。网络将供应商、销售者、消费者紧密地联系起来，使得每个主体都能从恰当的时机找到获得利益的方式和途径。同时，在互联网上进行交流，极大地降低了企业各方面的成本，对于提高企业经营效益具有重要作用。许多企业建立网站来销售自己的产品。虚拟商店对基础设施建设要求不高，物流等方面的业务也可以交给专业公司去做，从而实现了资源、人力、物力的合理分配，企业只需要在经营上进行针对性的提升。网络的使用还可以减少企业的广告宣传和营销费用。传统企业需要在很大范围内进行各种公关营销，并花费大量财力进行大范围的广告投放，由于互联网将世界变成"地球村"，很多区域都能通过互联网连接起来。使用互联网可以降低营销成本并节省广告宣传费用；同时，调研的费用也因互联网的使用而大为减少。所以，与传统的电视综艺相比，网络综艺的盈利方式更加多元化，在传统的版权、广告销售的基础上，可以增加用户收费、广告植入、IP 衍生品开发、品牌推广等收费方式，实现线上、线下打通的O2O模式，具有更大的盈利空间。优异的市场表现，让人们开始正视纯网内容

的价值，并思考如何创造及投放更多迎合网络受众的综艺节目。网络综艺节目带来的深层变革远不止于渠道的改变，除了播出平台的差异，其还有着区别于传统综艺节目的内在逻辑，即“新的价值观、新的视频逻辑和新的应用场景”。随着网络视频业务的高速发展，纯网内容已经进入了黄金时代。相比传统综艺节目，网络综艺节目表达更直接、参与感更强、对象也更年轻。

传统媒体和互联网媒体的融合早已不是新鲜事，任何一家有规模的传统媒体都已拥有自己的网站、微博账号和微信订阅号。如何真正使互联网高效的思维模式渗透到一档节目的营销过程中，并且在“互联网+”的理念下真正服务受众并形成良性的、多频次的互动，是我们需要思考的方向。

三、综艺节目衍生品内容的分类

综艺节目衍生品的内容包括众多的类别和形态，如视听内容、图形创意等。按照综艺节目性质和形态的不同，对综艺节目的属性也要进行划分；根据综艺节目衍生品侧重的不同方向，对综艺节目衍生品的类别也要进行甄别。

1. 人气偶像的打造

过去，人们普遍认为，传统的综艺节目就是以单向传播的方式给人以简单的愉悦和享受，《超级女声》的出现则打破了这种原有的模式，使得人们对综艺节目的形态有了不同的观点。《超级女声》节目的设置，不再仅仅是为了满足观众的视听感受，同时也将观众的热情激发出来，使得现场观众和电视机前的观众纷纷参与进来，主持人、选手、观众三者成为有效互动的主体，地位平等而各有特色，互动的形式也越来越新颖。这样的节目形式充分调动了节目参与者的各种情感，可以说，这是一次具有开创意义的尝试。

《超级男声》是湖南卫视在2003年重磅推出的一档歌唱真人秀节目，这虽然是一个简单的歌唱竞技比赛，但其比赛的形式尤为引人注目。专业评委只代表评比的一部分意见，真正决定选手去留的则是电视机前观众的踊跃投票，这种形式将观众的参与热情充分调动起来，真正做到了全民娱乐、全民综艺。《美国偶像》是《超级男声》借鉴的源泉，从普通人中选择真正具有实力的选手，大大降低了比赛的限制，这种平等的视角就值得称赞。这样的综艺形式，使得社会上的普通人纷纷参与进来上场比赛，并且观众有权决定歌手的去留，受众高度的参与性成为综艺节目创新的本质要求。因此，这样的节目能够在受众中广泛传播也就不足为奇了。接下来，湖南卫视连续举办了多季《超级男声》《超级女声》，每年都能够获得大众的好评，当年的收视率也均在湖南卫视拔得头筹。诸如《美国偶像》《中国好声音》《中国好歌曲》等各种电视真人秀之所以能够如此火爆，除了节目具有强大的号召力，更重要的是，这种求得个性解放、追求自由平等的价值观具有深远且重大的意义，符合现阶段人们普遍的价值追求。真人秀给了这种诉求一个展示的舞台。这种形式的人气偶像的打造属于综艺节目衍生品范畴的一种，它突破传统的意识形态，找准文化发展的定位，选取适合的人群，打造火爆的真人偶像，进而用节目赢得观众的青睐。

2．综艺节目内容的营销

最近几年，国外很多综艺节目获得了很大的成功，国内也连续引进了一些综艺节目，且数量在各大省级卫视逐年攀升，无论是普通民众还是电视节目制作者，都对综艺节目给予了很高的期待，其前途可谓是一片大好。在2010年中国最受欢迎的综艺节目评选中，江苏卫视的《非诚勿扰》最受人瞩目。根据当年的统计，公众对主持人、嘉宾、节目形式的综合评价都达到了前所未有的高度。节目很好地将适龄年轻人和关心孩子婚姻大事的父母这两代人联系起来，尤其是调动了年轻人关注电视的热情。巧妙的节目设置给现场观众和电视机前的观众提供了更加多样的视角，引

（图片来自综艺节目 *Running Man*）

发了年轻人及父母对婚姻和爱情的深入思考。主持人和嘉宾的适当点评，使得原本严肃的相亲节目更为生动活泼，更具人情味。同时，节目从始至终巧设悬念，更加迎合了大多数人的口味。通过对近几年综艺节目发展趋势的分析来看，求新求变始终是对综艺节目不变的要求，只有这样才能赢得观众的喜爱。与此同时，综艺节目也出现了一些令人诟病的现象，比如对引进的节目形式不加消化创新，生搬硬套；未能考虑中国市场的实际，盲目引入国外的综艺节目等。只有创新并且重视原创，综艺节目才有持续发展的动力，才能在竞争大潮中不迷失方向。综艺节目的内容和独具特色的风格成为各大媒体追捧的对象，最直接的方式是在不同的多媒体平台上进行转播；或者根据综艺节目的形式在内容上进行改编，赋予其新的精神内涵；或者引进先进的文化元素进行编排，从而获得观众的认可和赞扬，进而创造经济利润。

3. 互联网的推广

随着数字通讯技术的不断发展和普及，互联网和移动传媒等新媒体正呈现出爆炸式的发展态势。对于主要以网络广告为收益的视频网站，自制综艺节目无疑为其提供了新的利益增长点。2011 年由优酷自制的网络综艺节目《让梦想飞——中国最牛人》年度盛典，视频的网络点击量达到了110 万次，创下了视频网点击率的纪录。爱奇艺、土豆、酷六也迈出了自制网络综艺节目的脚步。越来越多的网络媒体和综艺节目都在利用互联网将自己的节目进行广泛的宣传和推广，以提高网站的知名度；同时众多的综艺节目和网络媒体也在联合使用互联网平台进行综艺节目宣传；诸多的广告商也走进了综艺宣传这片天地，联合网络媒体和综艺媒体，共同打造观众喜闻乐见的综艺节目，对内容和形式进行创新和调整。在 360 公司总部举行的“随星定制，为你转身”360 导航皮肤设计大赛暨电影《中国好声音》定制版皮肤发布会上，360 公司宣布旗下包括 360 搜索、360

导航、360手机助手和360影视大全APP等多条产品线将与《中国好声音》开启全面合作，合作内容涵盖推出电影《中国好声音》定制版导航皮肤、独家视频落地360影视APP、360搜索正式启动“全国20大城市与好声音学员面对面”的粉丝线下活动，以及通过360手机助手独家推出手机壁纸等。继《女神的新衣》之后，蓝色火焰传媒有限公司再次与阿里巴巴合作推出综艺节目《前往世界的尽头》，此次“阿里旅行·去啊”是节目的独家互动体验平台。观众可以通过打开“阿里旅行·去啊”客户端或网页，实现与节目中的真人秀旅行者的深度互动，更可先人一步探秘节目背后的故事。而更具创新的是，通过“阿里旅行·去啊”，观众可将节目中惊险刺激的旅程定制为自己的旅程，真正实现了参与节目的立体式体验，进一步开拓了B2C的产业链。

第二节　当前热门综艺节目形态分析

在当前综艺节目的直播过程中，各大卫视都推出了各具特色的综艺节目，并采用不同的搭配模式来提高收视率，吸引观众的眼球。

一、当红明星与主流卫视的双主体搭配模式——《奔跑吧兄弟》

《奔跑吧兄弟》主要借鉴了韩国*Running Man*的节目形式，由中韩两国电视台齐心合作，创下了开播以来的收视高峰，成为周五晚间时段收视率角逐中的一匹黑马。《奔跑吧兄弟》每期节目都会去不同的地点，每个地点都有当地不同的人文特色，节目组依据这一特点，做出相应的游戏设置，可谓真正的入乡随俗。该节目的轮廓非常清晰，即在统一的主题下将节目分成不同的游戏板块，获胜者通过前几个阶段的游戏角逐获得一些

（图片来自综艺节目《奔跑吧兄弟》）

奖励，为其在最后的撕名牌环节中争取有利条件。最终获胜者获得的超级大奖会成为“跑鞋计划”的一部分，为偏远山区的孩子送去帮助。每一季有 15 期节目，每期有不同的节目主题。在韩国拍摄的特别节目中，嘉宾和跑男团需要克服语言障碍找到题板上的韩国特色小吃，并在规定的时间内吃完，率先完成 Bingo 的小组获胜。值得肯定的是，《奔跑吧兄弟》一方面引进了韩国 *Running Man* 的节目形式，比如不同板块的游戏和最终的撕名牌环节、每期不同的嘉宾和主题等；另一方面，也是最主要的，该节目在引进的过程中不忘消化吸收，在原有模式的基础上进行创新，整合自己国家的资源和特色，发挥自身的文化地域优势，使得节目更具本土特色，打造出了一款地地道道的中国式 *Running Man* 的电视节目。

与此同时，《奔跑吧兄弟》还推出了同名网络游戏。

二、卫视直播与明星亲子互动的有机结合——《爸爸去哪儿》

2013 年 10 月，《爸爸去哪儿》在湖南卫视首播，开播之初就引起了社会各界的强烈反响，韩国原版《爸爸去哪儿》的收视率也居高不下。节目中的明星亲子效应让观众对父子、父女的关系有了新的理解，这种带有家庭伦理观的节目很快就吸引了广大观众的好奇心，在较短的时间内获得了极高的口碑。《我是歌手》的版权也购自韩国，其他大部分省级卫视也纷纷从韩国购进节目版权，并在此基础上进行了一定程度的创新，使其更具本土特色。

三、央视大型原创挑战类节目——《挑战不可能》

《挑战不可能》是央视推出的挑战极限的综艺节目，来到这里的普通人在一个星光闪烁的舞台上尽情展现自己不平凡的竞技技巧，给观众带来非凡的情感体验。来到这里的选手有的看似手无缚鸡之力，却能在无比危险的鲨鱼面前与其愉快地交流；或是一名稚气未脱的少年，弱小的肩膀却有着仿佛能够扛起世界的巨大力量。他们都是生活中的平凡人，可是内心却积聚着不平凡的力量，这些力量在节目中的特殊时刻得到尽情释放。《挑战不可能》以平凡的感动为商业契机，创造出独属于老百姓的舞台，牢牢吸引住了观众的眼球，创下了第一的收视率。

四、版权引进类节目——《中国好声音》

浙江卫视的节目《中国好声音》已经连续举办了四季，每一季都涌现出了各种歌唱风格的选手。节目在播出的过程中，由于选手的歌声给人以

（图片来自综艺节目《挑战不可能》）

强烈的感染力，同时导师和选手的互动又如此振奋人心，使得《中国好声音》获得了巨大的成功。同《爸爸去哪儿》《奔跑吧兄弟》一样，这档综艺节目并非中国原创，而是源自荷兰的 *The Voice of Holland*，荷兰的 *The Voice of Holland* 在播出之后获得了巨大的成功，新颖的节目形式吸引了无数观众的关注。《中国好声音》引进版权后制造了独属于中国文化的声音，以选拔的方式来吸引众多歌手参加，从而获得了优异的收视成绩。

五、国外热门综艺节目产业形态分析

这里以一档来自韩国的综艺节目《情书》为例，试分析国外热门综艺节目的几个明显优势。

1．明星效应

《情书》是一档在韩国具有轰动效应的交友节目，邀请的嘉宾往往是一线当红明星，以此来提高观众对节目的认知度。如主持人姜虎东就是韩国人气很高的一位电视节目主持人，节目中的嘉宾也多为当红艺人。该节目通过明星的行为习惯来构建节目内容，并结合花边新闻来增加节目的趣味性。这一方面提高了节目的质量，另一方面也提高了观众的观看兴趣。

2．娱乐风格

该节目以模仿观众谈婚论嫁的平民形式出现，本质上还是一款娱乐大众的趣味性节目。节目坚持以娱乐为主的立场，充分表达和诠释了娱乐性。节目本着娱乐大众的宗旨，嘉宾进行恋爱配对也是以娱乐为主，再用主持人和相关人员有趣的表演来增加节目的趣味性。诙谐搞笑的语言，和一些趣味性十足的游戏，增添了节目的活力，真正实现了将娱乐进行到底。

3. 设计色彩

《情书》按照导演事先编写好的剧本进行节目展现，例如节目嘉宾的出场方式、节目的设计走向、开场和谢幕的形式等。节目中人物的配对以及嘉宾的个性展现都是设计好的，因此节目可以按照设计的风格路线进行。

4. 变新及时

最初，该节目的配对形式是一个女嘉宾和八个男嘉宾，男嘉宾通过节目表现个人的魅力以及对女嘉宾的爱护，最后女嘉宾经过综合考量选出唯一一个理想配对的男嘉宾。而后节目改版，由之前的八男一女转换成八男八女共同进行配对，令内容更加充实，增加了趣味性。另外，节目也通过不断变换新鲜游戏来增加其可看性。

5. 制作精美

《情书》节目后期的包装十分用心，例如，嘉宾的开场舞蹈是以比较新颖的音乐短片形式展现的，通过极具感染力的舞蹈来吸引观众。另外，嘉宾的心理状态以及表情和形象也在电视上配以文字生动地表现出来，增加了节目的娱乐性，再配上解释性的文字，使观众可以更加方便地观看节目。

6. 产业开发

《情书》作为一档曾处于韩国娱乐前沿的节目，带来的轰动效应不可小觑。嘉宾在节目中展现的形象以及使用的语言能够很快流行起来，一些时尚元素也能迅速走进观众心中，并被大众模仿。该节目实现了产业链的纵向发展，节目会邀请一些娱乐公司旗下的艺人来客串嘉宾，扩大节目以及嘉宾的知名度。而且，这些嘉宾能迅速吸引大众的眼球，更好地推广节目，从而形成了一条良性循环链：节目打造明星—明星带领潮流—潮流带动新人—新人再造福节目。

第三节　综艺节目衍生品开发

随着综艺节目这块蛋糕越做越大，综艺节目衍生品开发的范围和区域也越来越广，众多的综艺节目都在与不同的产业平台深度合作，进行创意开发。《中国好声音》就形成了一条成熟的商业化产业链。在2013年,《中国好声音》不仅有节目冠名广告收入和影像音乐版权收入，还举行了全国演唱会，并且还拍摄了以好声音节目为剧本原型的电影，电影票房收入虽然不高，但已经通过植入广告赚取了利润。综艺节目可以影响当下的流行趋势，在开发内容的过程中，可以衍生出多种形式的产品，而且还可以和电商产业进行无缝对接，具有很大的衍生能力。综艺节目在不同的状态下

（图片来自综艺节目《中国好声音》）

可以与众多的产业直接挂钩进行衍生品开发，为综艺节目的版权商提供最大的经济利益，创造最大的综艺衍生品开发价值。

一、综艺节目的衍生品产业开发

在综艺节目的形态不断发展的趋势之下，综艺节目开始与众多的电视和电影制作商展开深度合作，共同建设体系完备的现代化开发产业链。综艺节目以自己的高收视率和高人气为发展导向，与热播的电视剧或者电影进行合作，选取明星作为推广代言人，在热播的综艺节目上进行广泛的宣传和推广。同时与众多的企业和开发商合作，共同开发有创意的商品或者综艺形式。以电影的人物形象和票房卖点为契机，开发新的综艺节目形态，建设专属的产业链，追求利润的最大化。综艺节目的影视作品衍生开发在西方国家由来已久，高度成熟。从总体的发展形态来看，综艺节目要与电视、电影的制作商及运营单位进行深层次的合作，创造出衍生品产业链的最大价值。华录百纳和蓝色火焰传媒有限公司在产业链开发上打通了内容和客户资源，比如东方卫视播出的《女神的新衣》，突出特点是多屏互动，在内容形态的开发上，可以做游戏、电商导流 APP、电视剧、电影等衍生品开发，并可以直接和电商产业链挂钩，衍生能力极强。

二、热门 APP 的行销创意

现在众多的综艺节目都走向了产业化的手机应用平台的营销，依靠技术人员对手机移动客户端的开发，打造独具风格的手机移动 APP。这使广大粉丝可以广泛地参与到综艺节目的活动中，激发用户的参与热情，打造自身的综艺节目行销体系，创造更多的娱乐价值，促进更多衍生品利润的产生。以《前往世界的尽头》手机 APP 为例，这款带你发现电影经典场景、带你一起旅行的手机软件，同《前往世界的尽头》电视节目的主旨有着较高的匹配度。在软件首页有《前往世界的尽头》专题页面，里面集合了最新播出的两期节目的经典场景。打开这些图片，用户仿佛重新游历了节目中到达过的地点。不仅如此，节目还同美拍、美图秀秀等多个热门手机软件进行了深度合作，在软件的素材区域里，《前往世界的尽头》里一个个如电影大片的精致画面，成为用户的抢手货。

（图片来自综艺节目《前往世界的尽头》）

三、打通娱乐资金链

伴随节目《前往世界的尽头》第二期的播出，娱乐宝的众筹产品也开始进行售卖，这是娱乐宝结合综艺节目的一次创新性尝试。第一期节目播出时，娱乐宝众筹产品在当天零时开始售卖，并在 15 分钟之内被抢购一空。每个投资人只需投资 100 元就可以成为节目的股东，这使节目更加平易近人，也获得了更大的关注度。娱乐宝颠覆了传统节目的营销形式，通过娱乐宝吸引来的这些股东会对节目高度关注，这种投资方式增加了节目和观众的黏性，可以长期保障观众对节目的新鲜感和兴趣。

（图片来自《前往世界的尽头》手游）

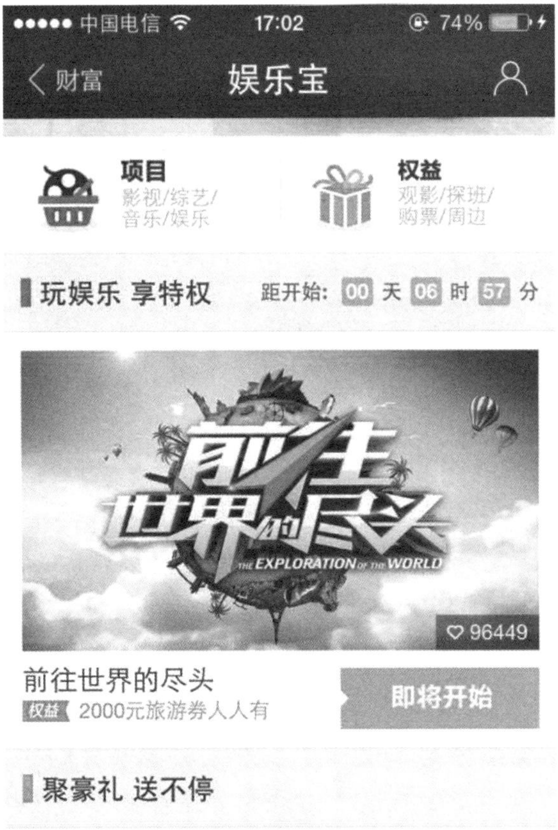

（图片来自阿里娱乐宝官方微博）

四、主题综艺节目与手游的强强联合

随着手机游戏的大众化趋势越来越明显，众多综艺节目与手游公司强强联合，推出了以综艺节目为主题的同名手游，吸引了大量玩家参与其中。众多综艺节目大佬争相抢占这一新阵地，火爆的综艺节目必然产生同名手游，很好地造就了电视节目和手机游戏开发商双赢的局面。其实利用手游进行营销在国外早已经发展为成熟的营销模式。《古墓丽影》系列、《黑客帝国》等一些经典电影都开发了同名热门手游，这一举措为手机游戏开发商和电影公司赚取了可观的利润。国内电视产业日趋成熟，娱乐节目的

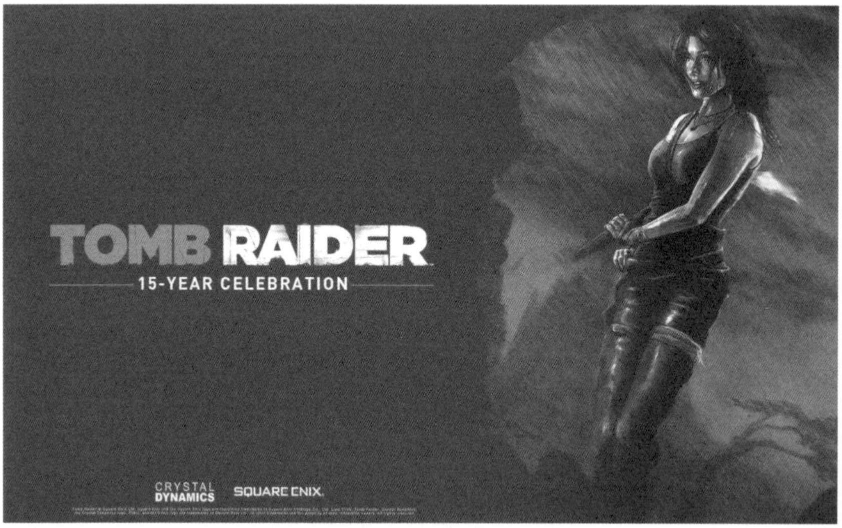

（图片来自百度）

品牌影响力还需深度挖掘，节目的相关衍生品例如电影、游戏、图书、音像等所属的高消费产业被寄予厚望。电视产业和手游产业的合作逐渐深入，同名手游衍生的产业链将日趋成熟。

五、旅游产业链模式

现在众多的综艺节目都会在实景拍摄过程中进行直播，这样不仅可以吸引观众的注意力，还可以大幅度地增加人气。以《爸爸去哪儿》为例，该节目经常选择风景名胜区作为实际拍摄地点，这样的区位选择不仅可以增加节目的收视率，还可以增加拍摄地的人气指数。该节目与当地旅游公

（照片来自综艺节目《爸爸去哪儿》）

（图片来自于电影《爸爸去哪儿》）

司进行合作，可以有效地带动当地旅游业的快速发展，促进区域旅游产业链的形成，与旅游区域进行人气互补，扩大产业链的规模，调整旅游产业的结构。

六、“综艺大电影”系列

“综艺大电影”是指综艺节目以在电影院展现的方式来表达电视娱乐节目的核心内容，这种“综艺大电影”一般拍摄时间很短、制作比较简单。这种节目形式可以根据现有的拍摄素材进行改编，不需要太大的投入，单纯依靠节目的人气和收视率就可以直接进行电影院的线上销售，获取可观的票房收入。

第四节　综艺节目衍生品的产业链推广

综艺节目推广和衍生品销售的形式是多种多样的，按照种类和属性，可以分为直接形式的产业渠道推广和间接形式的产业渠道推广，传统的推广模式以固定渠道的推广为主，直接进行衍生品的销售。近年来随着网络技术和电视多媒体技术的进步，推广的方式和渠道也变得更加宽泛，手段和形式也更加多种多样。

一、固定渠道的推广

传统的推广模式是利用固定渠道进行推广，依靠现有的知名度对已有的衍生品产业资源进行直接销售，从而获得利润的一种模式。

1. 授权商家进行产品直销

综艺节目的版权持有者在节目获得成功的时候可以直接授权一些厂家，对节目中的人物形象及形式内容衍生出的产品进行生产，形成垂直销售的体系，生产商可以从中赚取可观的利润，版权持有者可以坐等分成。不过这需要综艺节目具有较高的人气和商业炒作的热点，同时具备较大的商业开发价值，这样才有利可图，既可以赚取可观的收益，也可以收获较高的知名度。

2. 明星与观众互动的推广

在一些综艺节目的举办现场，主办方有时会邀请一些明星来到现场与观众进行互动。在节目的引导下，明星会向观众介绍一些产品或商业活动，吸引或者鼓励观众以直接或间接的方式参与，达到商业推广的目的。这种方式主要是以节目的忠实粉丝和有较高人气的明星为基础进行商业推广，有一定的限制因素，不适于长远发展。

二、打造新颖的产业链推广模式

随着互联网技术的普及和不断发展，综艺节目衍生品产业推广的模式也在逐渐发生着变化：从传统单一的产业推广模式逐渐向以信息技术为主的多种推广模式转变，依托创意，在互联网上与观众进行互动的推广模式也在不断出现。

1．“互联网+”

当前格局下，传统媒体和互联网媒体已经结合得比较紧密，传统媒体上的内容已经能够占领当下比较热门的互联网媒体，如微博、微信等。但是如何才能使传统媒体走上正确的互联网营销道路还是一个值得探索的问题。娱乐节目需要思考如何正确地利用互联网思维进行恰当的营销，并能够通过“互联网+”的思维去服务观众，形成多方位的良性回馈。各大电视媒体与网络媒体都在寻求与互联网公司进行技术合作的机会，想依靠互联网技术对产业链进行更大范围的延伸，众多的综艺节目运营商通过互联网平台与观众进行线上交流，在线上直接进行衍生品的推广，以吸引更多观众的目光。

2．依托网络客户端提高影响力——《男生女生向前冲》和微信摇一摇

微信是当今人们常用的社交客户端，一些综艺节目的运营商以微信为平台与观众现场进行互动。安徽卫视的大型综艺节目《男生女生向前冲》，通过官方微信账号与场外观众进行直接互动。场外的观众通过扫描二维码参与现场活动，利用微信摇一摇的形式进行有奖参与，直接参与到节目的活动中去。这些手段的利用可以有效地提高节目的知名度和收视率，吸引更多观众参与到活动当中。

3．依托明星影响力进行在线推广

综艺节目衍生品的价值主要在于节目的文化定位和收视率，换言之，即有多少人真正欣赏综艺节目。而收视率比较一般的综艺节目，虽然不具备较高的文化价值，但是通过明星对衍生品的形象代言和广告宣传，也让观众认识到了其衍生品的价值，提高了节目的知名度，为追求较大的商业价值奠定了基础。同时根据明星影响力的不同，文化定位的不同，综艺节目衍生品选取了不同的广告形式在社交媒体或者其他媒体平台上进行推广，通过明星为综艺节目衍生品代言，提高衍生品的影响力。

第四章 网络游戏衍生品内容和产业链发展介绍

第一节　网络游戏衍生品

一、网络游戏衍生品概述

随着互联网的兴起，网络游戏逐渐走进人们的视野，成为人们休闲娱乐的一个重要方式。进入 21 世纪后，网络游戏开始流行起来，越来越多的人参与到网络游戏之中，有的人甚至投入了大量的金钱和时间进行游戏体验。同电影、电视剧一样，网络游戏在得到大家认可之后也开始发展衍生品产业，这些网络游戏衍生品得到了游戏迷的强烈支持，并逐渐形成了庞大的网络游戏衍生品产业。

二、网络游戏衍生品包罗万象

网络游戏衍生品这个概念在网络游戏行业内被提及得并不多，业内大多将其称为游戏周边产品，以游戏为主题的玩具、饰品、服饰等实体产品，以及包括图书、音乐、图像在内的文化产品都可以被称为游戏周边产品。从目前我国网络游戏周边产品销售情况来看，其主要衍生品包括手办、扭蛋、食玩、积木人、公仔、挂卡、比例模型等产品，也包括诸如服饰、饰品以及电脑用品等相关产品。[①] 如果更广泛地定义网络游戏衍生品，还应包括图书、音乐等，可见网络游戏衍生品种类非常丰富，可谓是包罗万象。

① 参见王晛：《游戏衍生品使用行为影响因素实证研究》，华南理工大学 2010 年博士论文。

三、网络游戏衍生品利润惊人

众所周知，网络游戏本身就是一个暴利行业，玩家在进行网络游戏的过程中必须充值点券或购买商品，否则将无法与其他玩家平等地进行游戏。虽然现在诸多网络游戏已经取消了点卡制度，但道具类消费品逐渐发展为主流，玩家为了更好地体验游戏的乐趣就必须消费道具。一个普通玩家每年在游戏中投入的费用少则百元，多则上万。游戏行业的利润如此惊人，网络游戏衍生品行业的利润也毫不逊色。不同于其他行业的衍生品产业，网络游戏的衍生品产业同样具有游戏意味。我们以扭蛋这类衍生品为例，扭蛋这种产品是一种收集类游戏，玩家通过购买扭蛋达到收集目的，但想要将全部人物收集齐全十分困难，玩家常常要付出大量的资金才能达到最终目的。① 据相关数据显示，目前我国的网络游戏衍生品产业正处于发展中阶段，在某些特定游戏中，网络游戏衍生品产业的利润已经超过网络游戏本身，成为网络游戏运营商们最重要的利润产出地。

四、网络游戏衍生出的影视作品

网络游戏衍生品产业在未来发展中很重要的趋势之一就是向影视作品方面发展，目前大多数影视作品在成功上映后都衍生出了相应的游戏，比如《武林外传》《西游记》以及诸多三国题材类游戏。但我们也可以看到，一款网络游戏也可以衍生出影视作品，比如我们熟知的网络游戏《战神》已经成功衍生出同名剧作《战神》，该影视作品从 PSP 平台的《战神：斯巴达的幽灵》开始，一直讲述到PS2平台上《战神 1》中奎托斯与蛮族酋长对战。同战神一样，著名的游戏《刺客信条》也已经开发出相应的影视作品《X 战警：第一战》，目前已经成功上映并取得了不错的成绩。未来还将有更多的网络游戏衍生出的影视作品上市，比如我们熟知的《魔兽

---

① 参见岳阳：《论数字游戏衍生玩具产品的开发》，南京师范大学 2013 年硕士论文。

世界》将拍摄同名电影，并由著名导演邓肯·琼斯执导，同时约翰尼·德普或成为该片主演。问世于 1987 年的小游戏《合金装备》也将拍摄同名电影，日本游戏公司科乐美将联合索尼影业和哥伦比亚影业公司，制作真人电影版《合金装备》。由此不难看出，网络游戏拥有众多玩家，其受众人群与影视受众人群一致，网络游戏衍生影视作品是一种趋势，未来我们还将观赏到更多源自网络游戏题材的电影，让观众仿佛置身于游戏世界。

第二节　同样的衍生品，不同的命运

一、《传奇》数载光辉终成绝唱

《传奇》游戏是盛大公司在 2001 年推出的一款史诗级巨作，该游戏拥有战士、法师、道士三种职业，并融入了白天、黑夜、采矿、贸易等一系列概念，使整个游戏具有生活化意味。作为一款经典游戏巨作，《传奇》历经 10 余年发展，虽已历经巅峰，但余热仍然不减，一款游戏能运营十几年之久，在我国游戏史上还比较少见。

早在《传奇》处于巅峰之时，盛大公司就准备进入网络游戏衍生品产业，并喊出了“三年内将盛大打造成为以中国市场为依托，覆盖亚洲、世界一流的互动娱乐企业，未来的盛大就像今天的迪士尼”这样的话语。但几年过去了，我们仍未看到“中国迪士尼”的诞生。然而我们也不得不承认，盛大公司的豪言壮语有一定的底气，早在 2002 年我们就看到了盛大公司的诚意，其出版的《传奇官方宝典》一度加印三次，销售额逼近 20 亿元。同年又发行了《传奇世界》珍藏版邮票套册，限量 3 万套也在几天内被抢购一空。但好景不长，随着游戏行业的竞争加剧，中国网络游戏如雨后春笋般疯狂增长，盛大《传奇》的地位不断受到挑战，《传奇》的游戏玩家也逐渐被分散，死忠者越来越少，2005 年之后，盛大衍生品产业不再辉煌，逐渐没落以至消亡。随着《传奇》网络游戏衍生品的默默消失，中国网络游戏衍生品产业也进入低谷时期，其他游戏公司也仅仅经营着网络游戏本身，并没有发展相应的游戏衍生品产业，至此，《传奇》游戏衍生品产业宣告落幕。

二、《QQ 炫舞》引领时尚潮流

中国的网络游戏市场永远不会落幕，《传奇》十余年辉煌终成绝唱是由于其他网络游戏的兴起而导致的。《QQ 炫舞》是腾讯公司在 2008 年推出的一款音乐舞蹈游戏，其游戏模式与《传奇》完全不同，腾讯将其定义为休闲竞技类网络游戏。《QQ 炫舞》凭借着优质的游戏画面，配合音乐和灯光效果，让游戏更加具有感观冲击力，而全新的操作模式也开创了一个

（图片来自 QQ 炫舞）

全新的游戏类型。由于腾讯公司拥有上亿用户，《QQ 炫舞》自诞生之日起就受到普遍关注，2009 年同时在线人数突破 1 亿，让其他网络游戏望尘莫及。

《QQ 炫舞》由于其特殊的游戏模式，在某种程度上更适合进行网络游戏衍生品开发。不同于《传奇》，《QQ 炫舞》致力于让网络游戏衍生品更贴近玩家生活，主打服饰和配饰，这种同游戏内道具一样的真人服饰一经推出就受到玩家们的欢迎。因此腾讯公司在全国建立了超过 200 家专营店，短期内就赚得钵满盆满，成为网络游戏衍生品产业中最大的赢家，也再一次燃起了中国网络游戏衍生品产业的希望。从《QQ 炫舞》中获得自信的腾讯公司一直致力于网络游戏衍生品产业的发展，2014 年腾讯公司宣布“腾讯电影 +”与上海世纪出版集团、京东、聚思传媒分别达成战略合作意向、框架合作意向与代理合作意向。“腾讯电影 +”在宣布成立不到一个月后，已快速完成图书出版、音像合作、整合营销三大业务布局，成为中国网络游戏衍生品产业的领军者，并宣布将对《斗战神》《QQ 飞车》《天天酷跑》《洛克王国》《尸兄》《QQ 炫舞》《藏宝图》等游戏进行电影开发，成为中国 IP 电影的重要组成部分。①

三、同样的衍生品为何命运不同

同样是受众广泛的网络游戏，《传奇》和《QQ 炫舞》在游戏衍生品产业上有着截然相反的命运，《传奇》游戏衍生品红极一时，但无法持之以恒；《QQ 炫舞》接棒《传奇》，但青出于蓝胜于蓝。究其根本，《传奇》和《QQ 炫舞》在以下几个方面有所不同：

第一，《传奇》和《QQ 炫舞》所处时代不同。《传奇》出品于 2001 年，兴盛于 2005 年，在当时的中国网络游戏世界中，人们对于网络的了解还不够充分，对于游戏的认知也仅仅停留在休闲娱乐方面；并且当时人们的

① 参见李静修：《从“开心农场”到“开心城市”——网络游戏的火爆再次为衍生品市场带来商机》，《玩具世界》，2011（5）。

经济条件并不宽裕，支出的费用主要用于网络游戏本身，没有能力再进行网络游戏衍生品的消费。而《QQ炫舞》诞生于2008年，2008年的中国网络游戏市场已经有了非常大的进步，网络游戏已经成为人们生活中的重要部分，人们愿意对网络游戏进行消费，并且有能力购买网络游戏衍生品。这种市场大环境的不同是造成《传奇》和《QQ炫舞》游戏衍生品产业发展结果不同的重要原因。

第二，和《传奇》相比，《QQ炫舞》更适合发展游戏衍生品产业。《传奇》是一款格斗类游戏，主要玩家均为男性，其角色也都是单一化人物，不具有个性和时尚概念，其中诸多道具也无法作为游戏衍生品进行生产。因此，《传奇》将衍生品向音像、书籍方向发展，这种衍生品在本质上就存在落后性，所以《传奇》游戏衍生品不能长久发展可谓必然。反观《QQ炫舞》，它是一款休闲类网络游戏，其中最大的亮点是玩家可以购买道具、服装，让自己的人物具有鲜明的个性，同时大多数玩家为女性，更适合进行衍生品的消费。《QQ炫舞》大部分衍生品都是服装和配饰，是玩家生活中的刚性消费品，既然必须购买衣服，那么为何不选择游戏中的同款衣服？因此，《QQ炫舞》在本质上就适合衍生品产业的发展，所以取得优异的成绩也在情理之中。

第三，《传奇》和《QQ炫舞》对游戏衍生品的重视程度不同。《传奇》作为中国网络游戏的开山鼻祖，在意识和经验方面都没有优势，盛大公司只能“摸着石头过河”，在发展网络游戏衍生品的产业中摸索前进。并且早在2001年时，盛大公司也无法确定中国网络游戏衍生品市场究竟有多大，在取得短期的辉煌之后认为中国网络游戏衍生品市场已经达到饱和，因此停滞不前也处于情理之中。《QQ炫舞》与《传奇》不同，《QQ炫舞》所属的腾讯公司是目前中国三大网络巨头之一，更是中国首屈一指的游戏开发与制造商。相比盛大而言，腾讯对网络游戏更为了解，对网络游戏衍生品市场也有更深入的研究，因此腾讯公司敢于以重拳冲击网络衍生品市场，投入大量资金进行市场开拓，取得辉煌的成绩也属正常。

无论如何，《传奇》和《QQ 炫舞》都是中国网络游戏的巨作，它们为中国网络游戏和网络游戏衍生品的发展奠定了坚实的基础，虽然成败各异，但都值得尊重，只有越来越多的网络游戏公司开始涉足网络游戏衍生品开发，中国的网络游戏衍生品产业才能取得更大的进步。

第三节　网络游戏衍生品未来将何去何从

一、加大投资，促进成长

促进一个行业的发展和繁荣，投资是必不可少的前提条件。从我国目前的网络游戏市场来看，大部分游戏由小公司负责制作和运营，他们在经济实力上往往较为欠缺，更没有实力投资网络游戏衍生品市场，因此导致我国网络游戏衍生品市场发展一直处于停滞状态。虽然我们看到一些大型的网络游戏公司开始涉足网络游戏衍生品市场，但毕竟是凤毛麟角，仅仅凭借几家大型网络游戏公司来发展游戏衍生品产业是完全不够的。[①]要解决这一问题就必须发挥市场经济的作用，加大对网络游戏市场的资金注入，帮助网络游戏市场获得充足的资金，从而敢于进行网络游戏衍生品的开发。在保证网络游戏品质的前提下，网络游戏衍生品的市场空间非常广阔，可给投资者带来丰厚的利益，一旦投资者获利，则会加大投资网络游戏以及网络游戏衍生品市场的力度，这样市场就形成了良性循环，这种状态持续下去将给网络游戏以及网络游戏衍生品市场带来长久的促进作用。

二、解决版权问题，整顿市场

从我国目前的网络游戏衍生品市场环境来看，版权问题是制约网络游

① 参见黄娟娟：《我国网络游戏产业盈利模式研究》，华中师范大学 2013 年硕士论文。

戏衍生品发展的“硬伤”。我国对电影、电视剧衍生品产业的版权保护尚不健全，对于网络游戏衍生品市场的版权保护更处于空白期，因此，发展网络游戏衍生品市场需要国家制定相关的法律法规，积极保护网络游戏版权，严厉打击盗版行为，以重罚的方式让盗版行为无处藏匿。只有建立起完善的版权保护体系，让网络游戏在安全、和平的环境下成长，网络游戏公司才能安心地加大对网络游戏的投入，才能将网络游戏市场当做一个长期的市场进行运作，从而促进网络游戏衍生品行业的发展，才会有更多优秀的网络游戏衍生品制造企业加入进来。①

面对目前游戏市场盗版猖獗的现状，相关部门必须加大惩处力度，不仅要打击制造盗版产品的行为，更要打击销售盗版产品的行为，只有这样，我们的网络游戏市场和网络游戏衍生品市场才能有序发展。

三、严格管理，统一监督

严格管理，统一监督。网络游戏企业有责任、有义务对整个网络游戏市场和网络游戏衍生品市场负责。从实践中来看，我们的部分网络游戏企业为牟取一己私利，以低俗、色情、赌博等形式吸引玩家参与到游戏之中，甚至采取欺骗、利诱等方式鼓励玩家消费，导致玩家对网络游戏消费过度，最终退出网络游戏市场。这种混乱的局面，致使整个网络游戏市场需求锐减，市场环境不断恶化。根据这种现实情况，我国相关部门应该对网络游戏开发和运营公司进行严格监管，拒绝低俗、色情、暴力的游戏进入网络游戏市场；并且在游戏运营过程中对其进行严格监督，以此来保证网络游戏市场处于有序竞争的状态，能够平稳发展。只有网络游戏市场有序竞争才能诞生出优秀的网络游戏作品，有了优秀的网络游戏作品才能诞生出相关衍生品，因此，严格管理、统一监督对于网络游戏市场至关重要。改革现有的网络游戏监管

① 参见王晓：《影视与电子游戏之间的产业融合性研究——以文本改编为中心》，陕西师范大学 2013 年硕士论文。

制度也十分重要，现有网络游戏监管制度对网络游戏的审查流于形式，并没有采取严格控制的方式。在这种监管体系之下，我国很难建立起有序的网络游戏市场竞争环境，一旦市场竞争环境遭到破坏，对于网络游戏和网络游戏衍生品市场无疑是致命的打击。

四、储备人才，重视实践

任何产业的发展都需要优秀的人才，网络游戏行业若要谋求发展，人才更是关键所在。网络游戏需要一些高端技术人才和具有创造力的设计人才，甚至还需要专业的游戏推广人才，这些高端人才是制作优质游戏的前提条件。但随着我国网络游戏井喷式发展，大量粗制滥造的产品涌入市场，导致网络游戏的质量成为困扰其发展的重要因素。因此，我国网络游戏市场要进一步发展，应该充分建立人才储备机制，通过长期的培养和锻炼帮助人才逐渐成长，并让其参与到网络游戏的创作工作中，帮助其积累经验，让其有足够的知识储备来制作一款优秀的网络游戏。除了内部培养之外，我国网络游戏公司还应该将优秀人才送到国外进行培训和锻炼，让其学习国外的网络游戏以及网络游戏衍生品产业的优秀经验，并运用于国内网络游戏市场的建设。[①] 与此同时，我国的网络游戏公司还应该重视人才引入机制的建立，让更多的游戏爱好者能够有机会参与到游戏创作之中，让他们从玩家的角度更加合理地设计游戏中的各个环节，同时也帮助游戏公司站在消费者的立场上来思考网络游戏衍生品产业的市场需求。只有网络游戏的创作者站在消费者的立场上，从消费者的角度进行思考，才能制作出符合市场需求的网络游戏衍生品，我们的网络游戏市场和网络游戏衍生品市场才能取得更好的发展。[②]

---

① 参见范高宁：《网络游戏植入式广告的传播特性研究》，北京邮电大学 2013 年硕士论文。

② 参见刘伟、莫凡：《游戏威客：重新定义威客电子商务新价值》，《新闻传播》，2014（2）。

第五章　大型演出衍生品内容和产业链发展介绍

+ 第一节　大型演出产业概况
+ 第二节　大型演出衍生品开发
+ 第三节　大型演出衍生品的产业链推广

第一节　大型演出产业概况

一、产业定义

大型演出产业，也可以称为演艺产业，是面向广大受众，结合声光影电开展的大型商业活动。随着最近 10 年国内经济水平迅速提高，广大民众的精神文化需求不断增长，这一产业在国内迅速蓬勃发展起来。随着一系列政策鼓励，国内的大型演出形成产业并快速扩张，这不仅吸引了许多海外优秀的演出资源，并且国内很多优秀的演出团队也开始向外输出，把中国充满朝气的演出事业发展到了海外。大型演出产品，或者说演艺产品作为文化产品，植根于特定的文化背景①，因此，演出事业的发展与交流，一方面促进了该行业不断发展变革，另一方面也推动了文化的宣传推广。很大程度上说，大型演出产业的形成，得益于经济发展；而它的壮大，又能进一步促进经济水平提高。大型演出能够以最简单直白的方式表现故事内容，能够便于那些没有时间或者文化水平较为一般的民众理解。因此，大型演出在国内有很大的市场，不同的演出内容受到不同年龄层次和不同受教育程度的人的欢迎。如今该产业在内地正快速发展，其火热程度超乎人们的想象，各地的各种规模的演出商、剧团都在竭尽全力地打造迎合当地人口味的演出，并以各种营销手段推广这些演出。与此同时，依托大型演出的衍生品产业链开发也随之疯狂崛起。

① 参见《中国演艺市场调研及发展前景分析报告（2014-2018 年）》，报告编号：1257236，中国产业调研网。

二、国内大型演出发展现状

依据商业调查报告提供的信息：截至 2013 年，我国演出行业市场总收入高达 323.74 亿元，总经济规模达到 463 亿元，其中衍生品及赞助收入达 25 亿元。[①] 另据一份中国调研网出具的《中国演艺市场调研及发展前景分析报告》的不完全统计，在 2009 年，中国赴海外商业演出团组共 426 个，累计演出 16,373 场，实现演出收益约 7,685 万元；2004 年至 2010 年，中国对外文化集团公司共向全球近 80 个国家和地区派出演出团组 630 多个，演出 33,000 多场，观众超过 7,000 万人次，其中商业演出例超过 60%，实现直接贸易价值 5.5 亿元。[②] 该报告还显示，2014 至 2018 年这四年中，国内的对外合作演出市场大概分为三种模式：第一种是国内团队与演出输出国的演出中介商合作来安排国内团队在该国所有的演出活动；第二种是国内团队与该国企业合作，简言之就是由企业赞助来进行商业演出，但是合作企业不一定是演艺产业的企业；第三种是国内团队通过在输出国开设公司从而便于引进我国的演出团队赴外进行演出。以上三种演出方式主要是对外贸易的产业模式。[③]

国内引进或邀请国外的演出团体也是通过类似的途径进行运作的，由对方演艺公司与国内演出商合作，国内演出商协助相关团队进行所有的演出活动，包括场地安排、时间确定、官方售票途径等。其中一个经典案例就是 2015 年 8 月 21 日在上海举办的日本女歌手吉冈亚衣加、藤田麻衣子的演唱会，该演唱会由日方授权广州源子文化传播有限公司承办，上海浅水湾文化艺术中心协助，上海漫趣贸易有限公司赞助举办。此案例结合了上文提到的前两种演出模式，能清楚地反映当前国内演出市场不论是引入还是输出都以合作方式为主的现状。

然而，国内的大型演出市场还是有着不可避免的缺陷。首先是部分演

---

①②③ 参见《2014 年演艺行业发展现状》，http://www.China1baogao.com。

出的结构不合理。[1] 在内地，有一部分演出尤其是长期演出剧目为国有剧院、体制内的剧团或者各地方事业型演出单位所掌控，这些单位的演出经常出现剧种类型重复过多的情况，以歌舞或者戏曲演出为主，而像儿童剧这种演出则数量过少，不能满足孩子们的需要。

其次是国有剧院和体制内演出团体因体制规定，对创新性的限制过多，剧团内部的各个工作组之间的制度要求可能会影响各项创新活动的提出、开展和实行。在这样的团体内，一个创新性大型演出项目的实行，很可能因为各项规定的制约或者各个部门之间的低工作效率而延误甚至失败，这对大型演出的发展非常不利。

再次，一些演出单位热衷于啃老本，他们的思维停滞不前，不愿在剧本创新和吸收演出经营人才上下大功夫，也欠缺对演出场馆、技术投入的考虑，如果必要的资金投入减少，那么很可能导致演出的观赏人数下降。上述这些问题都会使这类演出渐渐失去在行业内的优势，也不利于演出市场的发展和进步。除此之外，部分地方演出市场发展不平衡的现象时有出现：外来演出引进过多，不利于本地特色剧种或本地演出的发展；[2] 大规模引进外来剧种演出在某些程度上会分流走部分观众，大大削弱了本地演出团体的自信心。因此必须确保外地、本地和国外、国内剧目在市场占有及分配上平均、合理。综上所述，创造一个结构合理、鼓励创新的演出市场就变得至关重要。

三、大型演出分类

当前国内的大型演出、剧场演出涵盖了音乐会、音乐剧、话剧、舞蹈、曲艺杂技、戏曲、儿童剧和综艺等八个大项。据统计数据显示，大型音乐会、音乐剧所占份额最高，同时，该类别总场次和总票房收入也是所

①② 参见柳士发：《国内演出市场的发展、现状和改革方向》，http://www.doc88.com/p-841852171-5064.html。

有演出中最高的。

除上述提及的国内基本的大型演出以外，还有以下三种分类：

第一种是现代演艺，这种演出结合了声、光、影像等多种高科技手段，美国拉斯维加斯的各种秀、大型舞台魔术和美国知名的《蓝人秀》（*Blue Man*）舞台演出均属于这种。以《蓝人秀》为例，这种现场秀将喜剧、音乐、传统故事剧本、灯光等结合为一体，表演所选择的剧目不一定是新创剧本，可能就是知名的经典剧目，但是主创人员开创性地对剧本进行了再造，聘请了专业作曲家制作新的音乐并结合了新科技手段。[①] 因此《蓝人秀》这个演出团体能够经久不衰的原因就在于他的"创新"——始终敢于大胆尝试。主创不只是要求自身发挥创造力，他们的目标是能够给予观众灵感与启发，观众不再只是被动的看者，而是能够融入其中的参与者，这种理念本身就非常具有突破性。

（图片来自《蓝人秀》官网）

① 参见 *Blue Man* 官网，http://www.blueman.com/about-blue-man-group。

（图片来自谷歌）

《蓝人秀》是一个超现实题材的重视感官体验的表演，拉斯维加斯的《蓝人秀》剧院设计了很多别出心裁的舞台视觉效果。三位男主角从头到尾不发一言，观众会一时情不自禁地为他们的精彩表演拍手叫好，一时又被他们搞笑幽默的动作逗得捧腹大笑，这是一个没有年龄限制、没有语言界限的娱乐节目，全凭观众自己去欣赏、领悟。三位主角不时到台下与观众互动，最为惊喜的是在结尾时全场观众必须参与表演。整场秀包含了刺激、狂野、搞笑、幽默、轻松的元素。国内也曾经有类似的演出，2013年周杰伦台北小巨蛋演唱会就是如此，该演唱会大胆创新，采用了全息投影技术，用3D技术模拟复原人物影像，使得演出者周杰伦与著名歌手邓丽君女士得以隔空对唱，为广大观众献上了一场具有穿越时空意义的精彩演出。

第二种是近几年逐渐兴起的山水实景演出。其实近几年兴起这一说法并不准确，实景演出在部分地区已经发展了很长时间，譬如早在1997年推出的《宋城千古情》。[①] 山水实景演出多以真山真水为背景，结合当地

① 参见《盘点全国十大山水实景演出》，http://www.cn-zhangjiajie.cn/html/79/n_21979.html。

（图片来自歌舞《宋城千古情》）

的文化、民俗、历史故事，辅助以优秀的剧本设计，再融入灯光、水雾和精湛的表演而形成的具有当地特色的实景演出。这种演出形式多辅以旅游元素，是为了推广当地旅游业、提高当地旅游收益、丰富当地文化资源并且便于外来游客了解当地文化内涵而开发的，常是旅游团为游客安排的项目之一。最出名的当属张艺谋指导的“印象”系列，《印象·刘三姐》《印象·丽江》等都收获了好评。

第三种为主题类歌舞剧。这类演出依托于特定的文化故事或者历史背景，以表现故事为主，通过演员深厚扎实的舞台表演经验、震撼的音乐、

（图片来自歌剧《图兰朵》）

有浓厚中国文化特色的表现形式进行演绎，经典歌剧《图兰朵》就是此类代表，张艺谋指导的历史舞台剧《秦始皇》以及李玉刚策划的“四美”系列也是此类演出的典型代表。

第二节　大型演出衍生品开发

演出衍生品一般指与大型演出相关的商品或者产品。衍生品既可能与演出主题有关，又可能与演出人员相联系，具体类别如下：

一、歌曲 CD，演出 DVD

大型演出为了保护其版权，一般严禁观众在现场对演出影像进行录制，以防其牟取商业利益，通常由主办方授权的合作单位或者通过演出代理中介联系发行商对演出进行音像制品的制作和发行。大型演出中的演唱会、音乐会、歌剧和戏曲演出中播放和演唱的音乐可以以 CD 的形式出版发行，供爱好音乐的听众收藏。同时，以上列举的演出类别均可以发售 DVD。DVD 是声形兼备的记录形式，发行商可以将这些演出录制为高画质、高音质的 DVD 产品并且按照普通和蓝光分级别发售，突出演出的质量。制作和发行演出衍生品不仅仅是要让无法亲临现场的观众或听众通过 CD 和 DVD 切身体会到演出的精彩，更希望这些制作精美的产品能具有收藏价值，历久弥新。

二、线下周边产品

线下周边产品可以有两种销售地点，第一种是演出现场，第二种是特许经营店。演出现场发售线下周边产品经常是在各大型演唱会、歌舞剧现场的场馆和剧场外，由主办方和协助场馆设置柜台，出售与演出内容和演出演员相关的产品。不仅如此，当下很多明星演唱会的开发商还会贴心地为粉丝们发售应援周边产品。例如周杰伦 2013 年“魔杰座”内地巡回演唱会的天津场，当地有关部门协助场馆应景地为粉丝们发售了印有周杰伦头像的扇子。此外，很多著名歌手或者艺术家的演出场馆都会提供如 T 恤、马克杯、钥匙扣、项链、戒指、手链、纪念手表、手机壳、海报、挂画、演出者形象的手办、签名照、场刊等各种周边产品，种类多样，做工精良，观众既可以购买来进行收藏，也可以日常使用。

特许经营发售所涉及的线下商品一般与演出现场发售的商品没有明显区别，通常是在官方授权的商场专柜、合法音像制品店或者在全国各地开设专门经营店进行出售。特许经营通常会在产品上有专门标志，以示此为官方正版商品，与制作粗糙的盗版进行区分。

三、线上周边产品

线上周边产品指依托新媒体、社交媒体平台和电商平台进行推广或出售的周边产品，通常此种周边产品大部分是非具体产品，也就是说这类周边产品没有实体，仅限于在电子平台上提供。具体产品如演唱会、音乐会演出者的电脑桌面图片、演出者照片制作的微博头像图片、手机壁纸、输入法皮肤图片、截取演唱会音乐制作的付费铃声、明星出演的演出宣传广告和在视频网站平台上发布的演出推广视频等。

线下销售的大部分实体商品也可以同时在线上销售，区别在于，现场发售的产品有现场性、即时性和便利性，消费者或观众在当时就可以购买心仪的商品；而线上周边产品很少具有即时性（演出前预售的周边产品除外），线上商品多为演出结束后在电商平台上推出，方便没有开设指定经营店的地区的消费者和热衷网上购物的消费者进行购买。线上衍生品的销售比起线下，人力成本和资金成本花费更少，因为线上操作不需要合作商户租用店铺，也能为消费者提供同样的正版周边产品，更为省时省力。

第三节　大型演出衍生品的产业链推广

一、现有模式

如上所述，大型演出衍生品现有的推广模式主要有线下演出现场发售、官方特许经营店发售和授权网络平台进行线上发售等几种。众所周知，大型演出会通过和当地演出中介机构以及商业企业合作的方式举办，通常策划演出的主办方很少会再另找代理商进行商品线下发售，而会直接与协助承办的企业进行合作。就开发线下销售产业链来讲，一个聪明的演出商会在寻找演出合作方的时候，把焦点放在从事传播、娱乐、音像方面产业的企业上。一方面这类企业可以是提供赞助演出的合作方，另外一方面，演出结束后还可以承接生产、销售衍生品的工作，一举多得，能有效地节约主办方的时间成本和资金成本，同时可以互助双赢，有助于建立长期合作关系，以保证未来双方友好共赢。

线上衍生品推广产业链与线下类似，一种是由通过授权的演出中介机构商建立官方网站，在网站上开设衍生品购买的板块，消费者可以通过官网直接购买衍生品；另一种是官方允许中介机构协助寻找信誉度高的电子商务平台或者授权中介机构在自己的网店发售，官方负责告知衍生品的种类、提供产品样本和产品图片。中介机构则可以通过网络广告、线下海报广告、公共汽车外涂广告等方式提醒消费者到线上购买。

以 2015 年 8 月 21 日吉冈亚衣加、藤田麻衣子上海演唱会为例，这场演唱会日方授权给广州源子文化传播有限公司，通过该公司与国内的动漫商品店（如 Animate）、外文书店及音像店合作，借助这些地面商店向这二位女歌手的粉丝及动漫音乐爱好者预售演出票。另外，在演出后，作为赞助商的上海漫趣贸易有限公司，在线上自己的天猫商城和线下的上海各个实体商品经营店出售演唱会的衍生品。

线上、线下兼有的衍生品销售方式在国内演出市场发展迅猛，有着庞大的潜在客户群。衍生品的种类开发需要依据演出内容进行设计，因此，需要衍生品开发者仔细地调查潜在客户对于衍生品类型的需求。总体来说，在这种模式下，只要定价合理、产品夺人眼球，衍生品的销量会非常好。

二、打造新颖的产业链推广

尽管大型演出的衍生品开发及产业链发展走势良好，开发商仍不能就此止步，应该不断探索新的发展路径继续刺激市场需求，以促进这个产业不断发展壮大。在新媒体和第四媒体逐步占据消费者生活的今天，开发者需要混合各种策略来进行推广，首先要考虑的是演出与互动相结合的手段。

如今，弹幕文化作为一种依托于电影、电视剧和动画的次文化开始变得越来越有人气，很多电影的试映会引入了弹幕观影的方式，让观众在观影的同时发送评论，评论以滚动可视的形式同步出现在银幕上。Web2.0时代的演出衍生品产业链营销同样可以采取演出与互动相结合的弹幕文化。比如在明星演唱会衍生品销售现场和场外等候区设置滚动屏，邀请观众参与互动，请他们把对衍生品的感受、购买感想甚至对明星的寄语一并通过即时评论的方式发送至滚动屏上，这种方式既能娱乐观众，又能搜集到观众对产品的意见反馈。

另外一种新颖的推广方式与演出明星有关，让这些参与演出的人直接进行衍生品的推介或演示，可以专门设置产品推介环节。现在网络上流行

“安利”一词，如“我给你安利一个游戏吧……”，该流行词的意思与推销并不完全等同，它更像指对某种事物具有共同兴趣的人们之间的一种推介行为。两个人或者一群人都对某种类型的商品感兴趣，而其中一个人对此有了解，才会热情地“安利”其他人。衍生品开发商可以考虑将这种“安利”潮流直接改造为专门的“安利”环节，该环节可以安排在预售演出票时，也可以安排在演出结束之后。开发商邀请来演出的明星、演员、团队，为他们展示各种衍生品，并且为他们解答产品的用途、使用方法等相关问题，甚至可以现场让明星亲自设计衍生品的样式。这种方式能够充分利用娱乐业最流行的粉丝文化，粉丝对于自己偶像产品的热情和支持力度是难以估量的，如果让演出的明星、偶像亲自参与“安利”环节，其影响更为直接，也更有冲击力。粉丝为了响应偶像的号召，会将注意力投入到衍生品上，并为这类衍生品进行推荐，潜在消费者将会逐渐扩大，这些人将会成为购买衍生品极为重要的力量。以日本音像公司 Rejet 为例，该公司在 2015 年 8 月 7 日的企划演出上，特意在演出间隙加入衍生品推介环节，邀请参与企划的声优绿川光先生推荐他心仪的衍生品，为观众演示如何使用，并介绍衍生品的特色等。

明星亲自参与的产品推介策略当中包括一种简单的方法，即依然是通过明星体验，但不需要特意让这些人成为产品代言人，而是在他们去参加录制综艺或访谈类节目的时候佩戴上衍生品（如钥匙扣、戒指、手链等），在节目中顺带推介一下衍生品。另外，衍生品开发商可以联合演员经纪人与节目组商量在演出中合理地植入衍生品，添加衍生品的出镜镜头，比如安排被访谈的明星展示自己的私人收藏。这样的环节可以使衍生品自然地出现在节目中并被粉丝关注，可以扩大衍生品的消费市场。

需要明确的一点是，不论是已存在的衍生品推广模式还是打造新的产业链推广方法，都必须要得到官方授权，扩大正版衍生品的推广渠道。这样才能有效地保护演出衍生品的版权，打击盗版产品，保护开发商和消费者双方的利益。

三、互联网模式下的演出营销模式与衍生品产业链开发

现如今，互联网科技快速发展，演出营销推广和衍生品产业链开发也应该顺应形势，充分运用互联网科技这种高速便捷的途径。这种模式下，演出营销和衍生品开发可以考虑拓展O2O平台，将演出内容传至数字媒体终端，再由终端将内容信息传播至该终端所覆盖的客户群。借用某大型演出的例子来说明：该演出的衍生品产业链开发就采用了与某 TV 应用终端O2O的合作方式。正式演出前，主办方就开始了衍生品，如印有参演者头像的 T 恤的预售；筹备体验店的建设，在各地宣传活动结束之后，衍生品体验店已经完成铺货；同时与该 TV 应用终端进行捆绑，只要有客户下载使用该 TV 的终端程序，就会在观看各种视频的等待期间看到与该演出相关的 PV 及与其衍生品相关的广告植入。另外，线上的电子商务平台如天猫商城也被特许销售该演出的衍生品。互联网终端推广的方式使得该演出的衍生品在公演后短短几天内就销售一空，出现了断货的现象。

大型演出的营销和衍生品推广也可以采用相似的模式，比如与相关数字媒体终端合作，在该终端的播放平台上适时地植入关于演出的广告并通过这个平台推送至它的客户。另外，也可以与移动传媒合作，在交通工具上播放演出的相关信息和宣传 PV 等，通过循环播出的方式加深潜在用户对产品的印象。除此之外，视频网站也是进行数字媒体营销的平台。很多知名视频网站在播放影片、电视剧和 AMV 视频之前会有 30 秒至 1 分钟的广告植入加缓冲视频的时间，演出方可以选择与视频网站进行合作，充分运用这 30 秒至 1 分钟的时间播放演出或衍生品的宣传广告。演出的宣传 PV 主办方可以自己提供视频源或委托视频网站制作宣传视频，力求在最短的时间内有效地传达演出的完整信息。

另一种现在被广泛使用且效果显著的营销方式就是粉丝营销，即借用粉丝的力量进行宣传推广。这种方式与上文衍生品产业链的开发模式有相似性，都是借由粉丝的力量达到宣传的效果，但二者的不同之处在于，粉

丝营销需要借助粉丝在网络媒体上巨大的号召力，通过各种新媒体平台推送相关信息。演出主办方可以联系演出明星的官方粉丝团，将重要的演出信息告知粉丝团负责人，授权负责人在粉丝团内部群、微博、微信账号上发布演出信息，也可以用群发邮件的方式来进行发布，鼓励负责人通过各种媒体账号转发官方信息。在粉丝群进行宣传通常可以快速地达到良好的效果。

说到社交媒体营销，演出主办方可以在预售演出门票阶段就在微博、微信、博客这些平台上建立官方账号。微博、微信账号和博客地址可以附在官方网站页面上；另外，也可以设计二维码，方便手机用户添加。从演出筹备、演员邀请、演员访谈、演出进展、演出结束等角度着手，把与演出相关的每一阶段的发展进程和团队感想发布在官方博客、微博、微信账号上，方便消费者和观众随时获取与演出相关的最新信息。尤其值得一提的是微信公众号的功能，只要手机用户关注官方微信公众号，就能及时了解官方发布的有关演出的最新消息。演出主办方要重视微信平台的作用，加快信息更新的频率，不管是演出相关资讯还是衍生品介绍，都可以编辑成图文并茂的信息发送给用户。

综上所述，当前大型演出营销以及其衍生品的产业链开发需要把传统模式和互联网模式相结合。这两种模式各有其专长和特点，演出开发商或者主办方需要结合演出的属性以及衍生品类型，在不同阶段采用多种营销手段促进演出的推广和衍生品的开发。同时，演出主办方需要随时保持对演出市场的敏锐度，适时调整演出结构，从而保证演出市场和衍生品市场均衡、持续发展。

第六章　国外视听内容衍生品产业发展现状解析

+ 第一节　美国视听内容衍生品产业的发展现状
+ 第二节　视听内容衍生品产业的介绍——以《复仇者联盟 2》为例

随着当前视听多媒体技术的不断发展，国内外视听内容衍生品产业的发展速度也越来越快，发展的规模也在不断扩大，发展的形式也趋于多元化。视听内容的产业文化定位也从仅仅符合消费人群的定位向大众化的文化定位不断迈进，从单一的文化发展形式向着多方位的角度不断转化。国外的视听内容衍生品产业更加注重多元文化元素的融合，从流行文化和传统文化中充分吸收营养，力求打造独属于专业视听衍生品的文化传媒产业。[①] 这类视听内容产业良好地糅合了不同类型的视听内容的特征，但同时也丧失了自我特色。视听内容的选取大多集中在文化热点方面，在节目模式的制作和节目流程的策划过程中，要充分融合各方面的流行文化元素，考虑观众喜爱的文化元素，进行多项对比，找出关键点。进行不同视听元素的文化融合是对文化表现力的概括总结，引导着人们对文化价值的认同，促使人们对文化理念有更深刻的理解。文化元素是视听产业文化价值观念的重要表现形式，能充分体现出一个节目或者影视作品在文化素质方面所处的理论高度，高水平的文化元素对观众文化价值观有着深刻的影响。国外视听衍生品产业建立了文化价值观，体现了充分的文化自信，以目标为导向，以自信为基础，脚踏实地地开展视听文化的传播工作。国外视听产业有着深刻的文化价值认知，以文化价值为工作的出发点和立足点，找准方向，充分发掘视听内容的文化元素。其从业者以求真务实的工作态度不断扩大产业的文化内涵，充分发掘了视听内容的文化价值及文化价值的卖点。

① 参见曹坤、李景怡、张晨光：《衍生品：电影产业链下游的掘金点》，《当代电影》，2012（5）。

第一节　美国视听内容衍生品产业的发展现状

近年来，随着美国电影在世界范围上映，美国的文化走出本土，在全球引起了广泛的共鸣。美国运用技术手段将自身的文化元素融入到了视听内容衍生品当中，以美国的文化和美国的国民精神为导向，在世界范围内宣传着美国文化的价值取向。美国电影视听内容衍生品产业在全球市场上也占据着霸主的地位，销售额占全球市场销售额的一半以上，引领着全球视听产业发展的风尚。这主要得益于美国发达的科技手段和发达的视听产业链的开发，其卓越的技术手段带给观众巨大的视觉震撼，奇特的创意引发了人们无尽的遐想。美国电影视听产业的成功在于它能最大限度地激发观众的想象力，引起观众广泛的视觉共鸣，从而吸引了大量影迷去观看，为其创造了高额的票房收入。

一、以文化热点为价值定位的产业走向

美国影视制作公司利用文化价值进行营销，以世界范围内人们追寻的文化价值为导向，选取文化热点引领自己的视听内容的产业走向，让视听文化产品符合大多数人的精神文化需求，使广大消费者追捧它们的产品文化。美国人崇尚自由，他们的视听文化产业也在追寻着自由平等的脚步，凸显着和平自由的文化情怀，[①]打造着独属美国文化的产品价值。美国电影

① 参见霍步刚：《国外文化产业发展比较研究》，东北财经大学 2009 年硕士论文。

（图片来自电影《色戒》）

公司在一部电影上映之前就在信息文化领域开始造势，引导人们关注电影宣扬的文化价值和精神追求；在电影上映之后，会极力推行电影所主导的文化意识形态，促使文化热点的出现；此后，衍生品产业集团根据出现的文化热点，以热点文化价值为衍生品生产的导向，将热点文化元素融入衍生品当中，促使消费者追寻热点文化价值，踊跃地购买衍生品。美国视听内容衍生品的文化产业链在这种良性循环的模式下越做越大，产业附加价值越来越高，规模不断扩充，形成了标准的产业集群。

二、好莱坞文化产业集群产生的原因

美国电影的成功，和好莱坞电影产业集群是分不开的。好莱坞能够抓住世界各地的观众，在于它技术、内容和形式的不断推陈出新。只有以全新的形式去展现文化价值，才能引起观众共鸣，形成核心竞争力。例如，李安导演的电影《色戒》，改编自张爱玲同名小说，这部电影在美国的票房和口碑都不理想，因为美国人不了解影片的历史背景，因此，这部电影并不能感动美国观众。或许这也是为什么美国的观众更喜欢“二战”题材的电影的原因，因为他们更熟悉“二战”的历史。不同的观众对电影有不同的需求，电影的不断突破、电影影响力的不断增强是美国好莱坞电影产业集群产生的主要原因。

第二节　视听内容衍生品产业的介绍——以《复仇者联盟 2》为例

美国视听衍生品产业的内容多种多样，表现手段也是花样百出，令人目不暇接。其实美国视听内容衍生品的主要形式是商品、活动、主题展览会和主题公园等，依靠现有的视听资源充分扩大视听产业的集群规模，以美国的国民精神和思想价值为主要定位，在内容上不断创新，给视听衍生品产业不断注入向前发展的动力。[①]

① 参见雷雨：《论动画视听感受的特殊性》，重庆大学 2014 年硕士论文。

WHOSE SIDE ARE YOU ON?
CIVIL
WAR

EDWARD
NORTON
LIV
TYLER
TIM
ROTH
AND WILLIAM
HURT
THE INCREDIBLE
HULK

（图片来自电影《美国队长》）

一、"复仇者"的文化精神象征

美国的《复仇者联盟》是好莱坞科幻电影的代表之作。这部电影把不同电影系列的经典主人公汇聚到一起，组成复仇者联盟战队，以维护国家和人类的和平为目的同敌对势力展开斗争并取得胜利。影片表现了英雄主角们不惧死亡的斗争精神，正是这种精神吸引和感染了世界各地的观众。电影《钢铁侠》改编自同名漫画，主人公英雄托尼是美国娱乐界的传奇人物，他是发明家、冒险家、百万富翁、浪漫的情人，也绝对是一个疯子。影片对钢铁侠形象的刻画，也充分体现了美国个人英雄主义的文化背景。美国队长也是美国创造的超级英雄之一，他的原型是史提夫·罗杰斯，同名漫画由乔·西蒙和杰克·科比联合创作，1941 年 3 月《美国队长》漫画第一期出版，美国队长从此被视为美国精神的象征。电影《雷神》根据漫威的漫画改编，这是一部魔幻史诗级作品，讲述了北欧神话中的雷神与闪电风暴斗争的故事。雷神是一个强大而傲慢的勇士，他鲁莽的举动引发了古代战争，作为惩罚，他被放逐到地球，被迫生活在人类中间。然而地球已经遭到仙宫王国黑暗力量的入侵，雷神肩负起保护地球的重任，在这里他学会了如何成为一名真正的英雄。

绿巨人布鲁斯·班纳是出现在惊奇漫画中的反英雄人物，他已经成为最受欢迎的漫画人物之一。对于历史上的巨人形象，不同作家所塑造的差异是非常大的。他被描述为笨拙可爱的人在冒险事件中大发神威，但也被描绘成狡猾的阴谋家为了自己的利益而制造麻烦；他有时具有神秘的超能力，有时又很容易被机械故障误导。绿巨人开始被描绘成内心愤怒的神秘怪物，他的怒气渐渐内化并发展成自己的个性。

《黑寡妇》描述了苏联的头号美女特工，她拥有令人惊艳的美貌和惊人的技能，她精通各种高科技武器，被苏联人派来暗杀美国高级官员，但后来她叛逃到美国，加入了复仇者组织。①

① 参见王风云：《美国传媒国际化经营研究》，上海交通大学 2013 年博士论文。

鹰眼是惊奇漫画中的超级英雄，是由斯坦·李创造的美国超级英雄。鹰眼本名科林斯·巴顿，是复仇者联盟早期创始人之一，后期放弃鹰眼身份，化身浪人维护正义。

在看过这些英雄后，我们会很容易发现他们身上的一个共同点，那就是美国一直以来倡导的英雄主义。他们都是正义和社会公平的化身，是打黑除恶的英雄。英雄系列一直都是好莱坞电影的宠儿，这与美国文化息息相关。美国精神和文化的代表是超人，超人可以恋爱，也可以失败，甚至

（图片选自电影《鹰眼》）

也会有事业的低潮，会流眼泪，但绝不会被击垮，他永远是无敌的。这是美国原则，美国不接受英雄被击垮或失败，认为这是不可想象的。从好莱坞电影的模式中可以看出，美国电影的主流文化强调英雄主义，这正是中国电影缺失的。工业方面的技术很容易掌握，但是我们缺乏优秀的故事题材，特别是缺乏民族英雄的故事。我们发现，当一个人有了坚定的信念后，所迸发出的能量是巨大的。无论出身富贵还是贫贱，都需要有一种精神，当一部电影表现出了巨大的精神感染力，也就能打动人心，这也正是美国电影成功的主要原因。

二、衍生品产业链的打造

迪士尼系列产品是美国视听衍生品开发的成功典范，从电视、电影到公园，再从公园到公园衍生品，各种娱乐服务的企业整合，让迪士尼得以建立自己的商业生态系统。在这其中，主题公园是不可或缺的一部分。当迪士尼的季度总销售额达到 131.01 亿美元时[①]，主题公园的销售额将有 41.31 亿美元，约占 32%。据迪士尼公司发布的财报，主题公园的盈利模式不难分析。首先是门票收入，加利福尼亚迪士尼乐园刚开园时，成人票价格是 1 美元，儿童半价；如今成人票价格为 99 美元，儿童票价格为 93 美元。然而，门票本身肯定不能涵盖高昂的运作成本，每天举行游行、燃放烟花等都需要大量的资金投入。因此，食品、纪念品、酒店的收入占了更大的比例。各种各样的产品以纪念品的形式提供给人们，迪士尼乐园的商业秘密就在这里，电视剧、电影等综合性的产业化经营为公司带来了更大的发展空间。迪士尼主题公园发展的关键就是发掘衍生品的文化热点。数量众多的视听衍生品产业都有自己独特的文化内涵，对这些内在的文化元素进行产业形式的创新，就要发掘衍生品的文化热点。只有真正

① 参见钱莹：《国外动漫产业的发展和投资与对中国的政策建议》，东北财经大学 2011 年博士论文。

（图片来自百度）

激发了衍生品的文化价值，才能最大限度地发掘衍生品的文化热点。《复仇者联盟2》粉丝包场的动漫游戏嘉年华活动，吸引着成群结队的年轻人，二次元风格的开幕式，使动漫游戏嘉年华还没有开场就已经带领粉丝进入到英雄的世界。与以往不同的是，粉丝只要扫描二维码，就能够购买电影票以及一系列正版授权的衍生产品，包括冰模、手机充电宝、家用清洁机器人。这些创意产业链的打造都在促进着电影视听衍生品产业的快速发展。不仅如此，以好莱坞同名电影《美国队长》开发的手机游戏、杂志宣传册、电子动漫，都在美国国内外的市场上引起了强烈的反响。也许一场电影的价格不过几十元而已，但是根据电影内容创造的各种产业，会有几十亿元的市场规模，这些都主要得益于视听内容高效特色产业形式的开发和推广。

三、产业文化的表现方式

在社会发展的过程中，产业文化的表现方式多种多样，花样百出。有的是以文化定位为导向调整衍生品文化发展的方向，有的是根据视听内容的改编或者创新来定位衍生品产业的发展方向。视听内容衍生品的主要表现方式除了主题商品的展出或者销售之外，还有主题展览会或者主题活动的举办，同名改编的形式有系列剧、系列节目和游戏，这些都扩大了其衍生品发展的空间。不同的文化定位决定着不同文化商品的市场，根据衍生品的生产规模，采取不同的方式举办各种关于视听内容的明星活动，是促进其衍生品产业规模不断扩大的重要因素，这些都能为其产业链的全面发展注入动力。

第七章 国外视听内容衍生品产业发展对中国的启示

（图片来自电影《阿凡达》）

第一节　国外视听衍生品风潮席卷下的中国

一、中国“大电影”时代登上历史舞台

2009 年底，在电影界具有划时代意义的《阿凡达》横空出世，该

片在席卷全球票房的同时，也为影迷的观影体验带来了新的亮点——3D、IMAX。《阿凡达》之后，每个想跻身“大片”行列的电影，都会考虑用3D特效包装，这股风潮也深深地影响了中国的电影界，敏锐的中国导演和制片人已经洞悉到中国的“大电影”时代即将来临。

2009 年中国电影票房突破百亿大关，“大电影”之“大”的称谓即来源于此，电影产业的大发展、大繁荣带来了“大电影时代”。从产业层面上来看，大电影市场的到来，重点变化之一便在于企业的合并、整合。“‘大电影’这个概念把电影、电视剧、动漫、进口影视剧等都整合到一起。”[①] 新世纪以来中国电影产业迅速崛起，中国电影市场呈现出了繁荣景象。红火的市场促进了中国电影的发展，不断推动着电影产业进行多方位的尝试和体验，成为中国电影不断发展的重要推动力。电影产业与新媒体相结合发展，也使其迎来了更多的机遇和挑战。[②]

2014 年度《中国电影市场影响力研究报告》的一组数据显示，2014 年全球电影票房为 375 亿美元，其中中国电影票房为 47 亿美元，占全球的 13%，比 2012 年提升了 5 个百分点，中国成为全球第二大电影市场。从 2014 年全球电影票房的增量来看，在增长的 16 亿美元中，75% 来自于中国电影市场，中国已成为全球电影票房增长的主引擎，中国的“大电影”时代已然来临。[③]

二、真人秀综艺节目大放异彩

真人秀节目起源于 1998 年的一部影片——《楚门的世界》，它虽然是一部电影，但采用的却是当今流行的真人秀的拍摄方式。影片将主人公一天 24 小时的活动用摄影机真实地记录下来，这部影片在当时的美

① 唐宏峰：《大电影观念下的影视研究读〈大电影时代〉》，《人民日报》，2011-07-19。
② 参见丁亚平：《大电影时代》，北京：文化艺术出版社，2011。
③ 参见张英进：《多元中国：电影与文化论集》，南京：南京大学出版社，2012。

国视听界引起了不小的轰动，“真人秀”一词随之诞生。2000 年之后，真人秀节目逐渐成为视听界的新宠，吸引着电视机前的观众。《老大哥》在荷兰出现后不到两年，在欧美便有了 18 个不同国家的版本；《生存者》播出的第二周，便荣登全美收视冠军宝座，在 CBS 创下了 13 年来的收视奇观。2003 年 1 月的美国收视率调查显示：在 13 个收视率最高的电视节目中，真人秀节目就有 7 个。有欧洲学者惊呼：“真人秀似乎已经成了挽救电视的灵丹妙药。”

受西方真人秀浪潮的影响，中国视听界也开始模仿西方的成功案例，制作本土化的真人秀节目。2000 年，中国真人秀节目最早出现在一些综艺节目的小版块中，通过设置一些情境让参与者根据规则进行表演。中央电视台借助了互联网宽带这种载体来表达一种文化形态的尝试，其所制作的真实与虚拟相结合的电视节目《黄河的渡过》，在某些方面已经具有真人秀电视节目的一些特征。广东电视台的《生存大挑战》节目效仿的是《青春热浪》，《生存大挑战》以不同的方式、从不同的角度来考验大学生和中学生的生存能力。此外，中央电视台的《正大综艺》、欢乐传媒的《欢乐总动员》、湖南电视台的《快乐大本营》，也都有意无意地做过一些真人秀尝试，但是由于没有把真人秀当成整体节目推出，真人秀节目在中国一直处于不愠不火的状态。①

中国的综艺节目制片人为了将真人秀节目办得更好，开始购买国外成功的真人秀节目的版权，如 2012 年最火的《中国好声音》就是购买了荷兰节目 *The Voice of Holland* 的版权，2013 年最火的真人秀《爸爸去哪儿》是从韩国 MBC 电视台引进的同名亲子户外真人秀节目，而 2014 年最火的真人秀节目《奔跑吧兄弟》也是引进的韩国 SBS 电视台推出的大型户外竞技真人秀节目 *Running Man*。

① 参见刘藩：《电影产业的经济学》，北京：文化艺术出版社，2010。

三、从消费心理看商业开发的必然性

消费者对于视听衍生品所包含的文化的认同是其进行消费的主要原因之一。部分视听衍生品的购买是一些消费者出于长久以来形成的购买习惯，或是基于对视听产品本身的喜爱从而产生了“爱屋及乌”的情感，将喜爱延伸到了视听衍生品上。同时也存在这样一部分消费者，他们对于视听衍生品的消费是出于一种炫耀的心理。[①] 很多视听衍生品的消费者是视听产业如电影、演唱会等的爱好者，这些爱好者仅仅通过看电影、听演唱会无法充分满足其视听感受，即使重复观看影片也仍然感到不满足，这时便可以通过购买视听衍生品来填补心理缺憾。因为视听衍生品的可触、可感性使视听产品有了真实的存在感。随着视听产品当中的画面和场景通过衍生品这一形式来实现视听产品的实体化，观众就可以通过购买视听衍生品来满足其心理需求。

像视听衍生品这种与文化相关的产品，消费者在对其进行消费和使用的时候，附加在商品当中的文化信息和象征意义也随之进行着传递输送。购买一部电影的衍生品，消费者最初也许是受到了某个电影或造型的影响，但这些商品所具有的内涵和意义会逐步渗透到消费者的观念和意识当中，形成潜移默化的影响。对某些消费者而言，购买的动机是衍生品所具有的意义。这个意义可能是显而易见的文化特征，也可能有隐含的跨文化的意义。消费者对视听衍生品的消费正是对自身具有某种特质，包括社会地位、个人品质、群体归属或消费水平的一种宣示。

① 参见金冠军:《电影产业概论》，上海：复旦大学出版社，2012。

第二节　新时代中国视听衍生品产业的探索

一、图书类视听衍生品——从影像到文本

电影与文学之间一直存在着一种极为密切的关系。中国电影事业的发展也曾在不同时期借助于文学的魅力散发光芒，很多电影都是以名著为基础进行改编的，电影人以此为基础创造了很多经典电影，给人们留下了深刻的印象。文学作品反映的社会生活、传达的思想感情，都为电影提供着极为丰富的基础素材。

进入新世纪以来，随着中国电影的快速发展，涌现出了很多与电影相伴而生的图书类产品。这类图书的出版往往具有相同的特征，如搭乘电影的顺风车，借助电影所凝聚起来的人气吸引更多人购买。与电影相关的图书制品，一般会在图书中直接展现电影中已出现的视觉形象、人物造型或场景，将其用在封面或内页的设计上，不仅能为文字增色添彩，同时还能直接吸引影迷的关注。该类图书在相关的包装设计上也通常会随图书赠送与电影相关的纸质类纪念产品，如海报、明信片、明星卡等。

小说《山楂树之恋》在电影成功上映后，借势再版了电影纪念版本图书。此次纪念版图书中包含了 25 张电影剧照，同时随书赠送了限量版电影珍藏海报，这也吸引了大量影迷的关注。以电影为噱头对图书进行宣传的方式，是电影与小说的完美融合，展现出了唯美的“山楂树之恋”。电影导演张艺谋为电影纪念版小说《山楂树之恋》写了书评，“我们希望这样的真情故事，依然能给今天的人们，带来心灵上的慰藉”，更加增强了宣传力度。

2013 年，电影《西游降魔篇》票房突破 12 亿元，根据电影改编的同名小说《西游降魔篇》也不失时机地由凤凰联动出版公司推出，其发行

（图片来自电影《西游降魔篇》）

量在短短一个月里达到 7 万册。虽然电影同名小说也是周星驰的作品，但小说对电影剧本进行了大幅修改，仅保留了影片中玄奘降服河妖、猪妖和猴妖等主要情节。电影《西游降魔篇》里沙僧作为水妖的时候，吞下的人并没有吐出来；而在小说里，沙僧幻化成人形之后将吃的人吐了出来。相对于电影，小说的节奏放慢了很多，更加注重人物情感的刻画。[①]

二、视听音乐的相关产品

电影越来越注重音乐与影像完美结合所产生的可观赏性，可以预料，这种趋势将会持续下去。一部优秀的电影，如果配上动听的乐曲，的确令人回味无穷；反过来，一曲优美的电影配乐也能给电影增色添彩，提高电

① 参见王大勇、艾兰：《电影营销实务》，北京：中国民主法制出版社有限公司，2011。

影的票房。与电影音乐元素相关的衍生品出现的时间比较早，这与电影音乐所具有的重大作用，以及在影迷群体间所产生的影响力和传播力有着直接的关系。

冯氏电影在深受大众喜爱的同时，也推出了相当多的音乐作品，在业内被传为佳话。当歌曲《不见不散》《那一天》《爱过》等冯氏电影音乐作品在群众中流传时，冯氏电影音乐也随着冯氏电影一起成为家喻户晓的经典。2012 年北京工人体育馆举办了一场以冯氏电影音乐为主题的音乐演出，这场演出凸显了冯氏电影与音乐的大融合，首开“个人品牌电影作品音乐会”的先河。[①] 这场浪漫的电影主题音乐会不但主创阵容非常强大，更是邀请到了蜚声海内外的“中国爱乐乐团”为其助阵，知名交响乐团的加入提高了这场电影主题音乐会的水准，奏响了音乐会的高端之声。音乐会还邀请了娱乐圈知名歌星献唱，可谓群星璀璨。

三、电影道具、模型与人物的开发

电影模型的设计、制作、开发在好莱坞已经具备了完整的流程体系，很多真人秀节目中使用的道具模型也成了时下淘宝店热卖的商品。收藏模型人偶和穿明星同款服饰已经成了时下的风气，成为一种流行文化。而在中国电影衍生品市场，由于购买方式不便捷，信息不够畅通，所以国内收集电影模型人偶的玩家还很少。即使在专卖电影衍生品的商店中，电影模型人偶也多是从海外淘来的，价格较高，令很多想购买的影迷望而却步。所以，设计、制作、开发中国自己的电影模型人偶成了收藏者和影迷的期盼。

由香港彭氏兄弟导演的电影《风云Ⅱ》是电影《风云雄霸天下》的续集，以漫画为基础的《风云Ⅱ》具有超高人气，拥有众多粉丝。电影道具

---

① 参见张小争:《电影娱乐营销——媒体工业化操作七种武器》，北京：中国传媒大学出版社，2010。

（图片来自电影《风云Ⅱ》）

模型的开发包括了电影中最受瞩目的兵器（绝世好剑、雪饮狂刀、英雄剑、青隐剑、将军刀、轩辕皇剑、棍刀、长忍者刀），道具模型以全金属制作而成，造型、比例高度还原电影原型。《风云Ⅱ》电影道具模型的开发，不但吸引了影迷，也给很多漫画迷带来了惊喜。

四、视听内容相关标志纪念品的开发

好莱坞电影邮票的发行已经很常见，诸如《超人：钢铁之躯》为庆祝电影上映，发行了一套 6 枚邮票和小型张邮票，受到世界各国超级粉丝的关注和追捧；[①]美国发售的“哈利·波特”系列邮票也成功受到了集

① 参见周黎明:《好莱坞启示录》，上海：复旦大学出版社，2010。

邮市场的热烈追捧。中国关于电影题材的邮票已有发行，但针对电影上映的时效性而开发的邮票却很少见。伴随电影上映而同步发行邮票的最初尝试是在 2002 年，电影《英雄》上映的同时发行了纪念邮票。在中国电影百年华诞之际，为庆祝中国电影诞生百年，中国电影资料馆、北京市邮票公司制作发行了大型《影人》珍藏版邮册、《百年经典电影》《经典巨星》珍藏版邮册。邮册汇集了中国电影名作中许多令人难忘的形象：《神女》中的阮玲玉、《一江春水向东流》中的白杨、《白毛女》中的田华、《精武门》中的李小龙、《新龙门客栈》中的林青霞、《芙蓉镇》中的姜文和刘晓庆、《欢颜》中的胡慧中、《红高粱》中的巩俐、《英雄》中的梁朝伟、张曼玉、李连杰、陈道明和章子怡，等等，受到了电影爱好者和集邮爱好者的追捧。①

如今，更多人通过购买和穿着印有影视、音乐作品相关标志的 T 恤来表达自己对该影视、音乐作品的喜爱。如穿着印有"你是我的小苹果"字样的 T 恤就是表达对歌曲《小苹果》的喜爱；穿着印有漩涡鸣人头像或者手里剑图案的 T 恤就是表达对动漫《火影忍者》的喜爱；穿着印有"贱人就是矫情"台词字样的 T 恤是表达对电视剧《甄嬛传》的喜爱；等等。同时，各种带有视听作品标签的小商品也开始流行起来，如带有"喜羊羊"图案的儿童发卡和防尘塞，甚至很多冰糕和膨化食品的包装袋上都印有"喜羊羊"的图案。这种小纪念品简单易得，容易表达视听作品爱好者的心声，是时下最为流行的视听衍生品。

在演唱会方面，周杰伦的《无与伦比演唱会》CD 在当年创下 1,200 万张的销售记录，他在演出中用的双节棍道具，也是很多衍生品商店的热卖商品，还有很多明星的演出 CD、演出道具服饰甚至演唱会门票，都会成为粉丝购买和收藏的商品。很多人无法去现场聆听明星的演唱，便会转而通过购买 CD 和相关道具服饰的方式，获得与明星零距离接触的感受与体验。

① 参见吴春集：《中国电影营销：理论与案例（1993—2012）》，上海：上海交通大学出版社，2012。

第三节 “中西合璧”——中国视听衍生品产业发展的思考

一、提高电影衍生品开发元素

对电影衍生品的开发可以使电影产业链延长，并获得相当可观的经济价值，这已是毋庸置疑的事实。但是电影衍生品的开发不是盲目的，因为并不是每一部电影都适合电影衍生品的开发。增加电影本身可供衍生品开发的元素，是提升电影衍生品开发效率的直接方式。只有那些具有一定社会影响力的电影才具有电影衍生品开发的良好潜力，电影当中塑造的鲜明的主题形象也有助于电影衍生品的研发。那些具有品牌影响力的经典电影是进行电影衍生品研发的最佳选择，只有电影具有较高的知名度，电影衍生品才能够获得消费者的追捧。电影当中可以供给电影衍生品开发的元素大致可以分为三个层面：第一个层面，元素的提取从电影影像的表层出发，扩展以人物为核心的资源；第二个层面，将故事作为框架、串联影像的中心线索，加大其作为资源的丰富性；第三个层面，进行主观意识、主题思想、文化表达等深层资源的挖掘。提高电影本身在影像、故事、主题等方面的质量，能够有效地为电影衍生品的研发创造条件。

提高电影自身的品质，适当添加可供衍生品生产的要素，电影衍生品才能有市场空间以及盈利的可能性。目前很多中国电影公司已经意识到衍生品对电影的重要性，但其生产大多停留在对好莱坞模式的简单效仿上，因而造成了一些与中国市场和消费氛围不符的失败案例。需要意识到的是，只有通过好的题材来讲述好的故事才能吸引观众，而只有好的电影才有机会打造出好的电影衍生品。例如，好莱坞开发电影衍生品的经验证明，比较容易开发电影衍生品的电影是科幻片，科幻题材的影片为衍生品的研发提供了相当大的想象空间。这对于中国电影衍生品市场来说也同样适用，中国的神话题材和历史题材不比好莱坞的科幻题材逊色，能够发挥的空间是非常巨大的。电影衍生品的文化影响力来源于电影，唯有对电影中可供衍生品开发的元素进行深度挖掘，才能够更好地拓展衍生品市场。

二、衍生品规划先期介入开发模式

好莱坞电影衍生品的收入已占到电影总收入的73%，这个比例远远超过了电影票房本身。[①] 好莱坞在电影开拍之前就针对电影衍生品做了相当多的工作，将电影衍生品的开发纳入到前期的策划当中，提前制订出关于电影衍生品的生产计划和营销计划，使电影衍生品能够在电影上映之时便抓住热点同步发售，有些电影衍生品甚至还会在电影上映前面世，以确保拥有足够的市场空间。

好莱坞的电影衍生品有一个共同的特点，即大部分都是系列影片的衍生品。好莱坞对于电影衍生品的考量是极为慎重的，一般来说，在制作第一部电影的时候，电影衍生品往往不被纳入考虑范围，只有电影在上映后取得了良好的口碑和票房，形成了一定的关注度并持续拍摄时，才在后续的电影制作过程中对相关电影衍生品进行开发。与好莱坞不同，中国电影几乎都是单独上映，每部电影都讲述一个新的故事，要想能够吸引观众或者形成长时期的热点比较困难。目前中国电影还很少有计划地拍摄续集，这点与好莱坞存在较大区别。观察好莱坞电影，形成系列的影片比比皆是，“加勒比海盗”系列、“速度与激情”系列、“变形金刚”系列、“蜘蛛侠”

① 参见张梦香:《浅析美国电影机构的商业性》,《电影评价》，2012(6)。

（图片来自电影《变形金刚》）

系列、“国家宝藏”系列，等等。这样的续拍影片，往往具有一定程度的票房保障，也具有固定的影迷，可以达到盈利的目的。好莱坞电影大多是开放式结尾，以片养片，上一部影片结尾会给续拍留下一个话题；而中国电影几乎都是闭合式结尾，把故事的结局定死，很少留下悬念。

三、把握衍生品产业的市场规律

虽然对于部分中国消费者来说，对电影衍生产品的消费是一种在观看影片之后或受影片上映热度影响的冲动消费，但是如果能够把电影衍生品做好，它也极有可能像好莱坞电影衍生品市场那样，成为人们的一种长期消费习惯。这就像看电影的时候，观众习惯购买饮料和爆米花作为搭配，电影衍生品也很可能成为人们观影搭配的选择。但是，如果电影衍生品的品质不够精良，那么，电影衍生品的消费只能成为人们一次性的冲动消费，而无法促使人们形成长期的、出于爱好的一种收藏习惯。把电影衍生品定义为一个简单的玩具，这是很多企业在设计和研发电影衍生品时的一个误区。当消费者将电影衍生品买回家后却发现它没有任何实用性，消费者便会意识到这次消费行为的盲目性，会只将电影衍生品作为单纯的观赏品或者装饰品，觉得这种购买行为是一种浪费，自然也不会再选择购买同一类型的产品。因此在这些电影衍生品的设计中加入日常实用性，形成有创意、有使用价值的产品，可以增加消费者的购买欲。电影衍生品的设计应避免急功近利，唯有不断推出精良的电影衍生品，才能长期吸引消费者购买。就目前而言，国产电影衍生品市场往往会出现急功近利的现象，只追求短期的利益，以次充好，这必将造成消费者对电影衍生品市场的不信任，只有保证电影衍生品良好的质量，才能促成消费者的购买行为。

四、国家政策与法律支持

好莱坞对于电影知识产权的维护有一套完善的法律体系，法律的保护是好莱坞发展电影衍生品市场的先决条件。事实上，中国电影衍生品开发中遭遇的各种盗版、侵权问题不在少数，尤其在动漫电影衍生品市场上，盗版是每个动漫品牌红火后必然会面临的问题。究其原因，电影衍生品产业的操作模式本身有问题，相关部门在立法、执法上也存在一定的问题。

加强对电影品牌的知识产权保护，打击盗版，才能使电影衍生品生产开发的产业链得到保护。近年来，不少国内生产商以正版产品为原型，在电影档期中快速生产盗版的电影衍生品，并依靠批发市场和网络等渠道投放出货，已经形成了完整的盗版产业链。盗版产品侵占了大量的市场份额，导致正版经营者竞争压力巨大，产生了逆向挤出的效应，制约了中国刚刚起步的电影衍生品市场的发展，因此，要加强制定衍生品开发的行业规范。好莱坞电影衍生品动辄几十亿美元的收益，就是因为它的销售模式已经相当成熟，形成了固定的行业规范。

第八章　视听内容衍生品产业的营销机制与消费者心理

视听内容衍生品产业的营销是依托于视听内容衍生产业而进行的。伴随着传统视听产业不断推出的一系列衍生产品，是指一切以视听内容为基础带来利润的产品，包括道具、服饰、音像制品、主题公园等。而衍生品产业营销就是以营销这些衍生品为主，通过市场交易来满足客户的需求，以实现市场销售与管理的过程。

无论何种产业的营销，它们最终面对的都是消费者的需求，消费者的需求在某种层面上也就是市场的需求，视听内容衍生品产业营销同样应该重视消费者的需求。在进行视听内容衍生品产业营销之前，要及时了解不同消费者对衍生品的不同需求，并根据这些需求来制订营销计划。从某种角度而言，分析消费者的需求是做好视听内容衍生品产业的重要环节，只有真正了解消费者想要什么，厂商才能设计和制作出相应的衍生产品，这种衍生产品才能被市场所接受。因此，在视听内容衍生品产业营销的过程中，消费者的需求是关键点，能否满足消费者的需求是判断视听内容衍生品产业营销成功与否的关键。

第一节　国外视听内容衍生品产业营销机制与消费者心理完美契合

美国是世界公认的电影衍生品营销产业较为成功的国家，所以我们以好莱坞的电影衍生品产业营销为例。好莱坞除了对电影本身进行宣传之外，也会提前制订好电影衍生品的营销策划方案，根据消费者心理和实际需求来制订合理的营销计划，并根据电影上映的时间来安排电影衍生品的营销周期，因此好莱坞电影衍生产业营销有一个成熟的流程。这样既提升了电影的品牌效应，又促进了电影衍生品的销售，有利于电影衍生品产业长期持续发展，形成了良性循环。[①] 与此同时，美国好莱坞还针对美国不同地区、不同人群、不同社会环境下的消费者需求来进行产品定位，制订不同的营销策略，以此来迎合不同地区人群的消费心理。

不仅会根据不同区域人群制订相应的营销计划，好莱坞还会随着时间和社会环境的变化随时更新自己的营销手段，并不断进行技术和产品营销策略的创新，运用最前沿的技术手段满足美国消费者的心理需求，从而达到电影衍生品的营销目的。比如，美国某家电影公司曾推出一款免费的网络游戏作为电影衍生品，该游戏模拟电影中的情节和场景，让玩家仿佛置身于电影之中，并可以根据自己的喜好改变原版电影中的情节，这种具有创新性的营销方式非常迎合美国消费者的心理需求，因而在短期内电影和游戏都得到了美国民众的追捧，获取了不菲的收益。[②] 好莱坞的电影衍生品营销与消费者心理的完美契合，在世界范围内形成了强大的消费力，帮助好莱坞电影衍生品产业达到了空前繁荣，成为美国经济的重要支柱。

第二节 视听内容的营销机制成为衍生品产业发展的关键

面对竞争日益激烈的视听内容衍生品产业，想要突破重围，就必须打造出独一无二的营销模式，这种营销模式不仅要满足消费者的需求，更要与时俱进。美国的视听内容营销主要包括互动式体验营销、个性化限量营销以及自我式网络营销三种模式，它们相互配合、互相弥补，最终帮助衍生品厂商完成了优秀的营销计划。

---

① 参见王风云：《美国传媒国际化经营研究》，上海交通大学 2013 年博士论文。

② 参见刘纯：《基于演化经济学的动漫品牌价值评价与管理体系研究》，中南大学 2011 年博士论文。

一、互动式体验营销

互动式体验营销是目前视听内容衍生品产业营销中运用较为普遍的一种营销模式。互动主要是指各种元素在视听衍生品产业营销过程中相互影响、相互促进、互为因果，促进销售；而体验则是指让消费者投入到视听内容的元素或情境之中，对产品或服务有最直观的了解和感受。因此，互动式营销是一种以视听内容为载体，以优质服务为手段，以互动体验为基本方式，以消费者满意为目的，利用各类平台实现视听衍生品企业、消费者各自目的的一种新型营销模式。

（图片来自电影《生化危机》）

以美国的电影产业为例，美国电影史上曾出现过一部非常受欢迎的电影巨作——《生化危机》，这部灾难题材的电影一经上映就受到了美国影迷的强力追捧。截至目前，《生化危机》已经发行了四部，每部都取得了优异的成绩。早在《生化危机》第一部上映并取得优异成绩之时，美国电影衍生品企业就开始准备推出同名游戏《生化危机》，希望能创造一个与电影相同的情境，让玩家参与其中，就仿佛置身于电影《生化危机》之中，以此来延续影迷对电影《生化危机》的热爱。事实证明，该种做法完全符合消费者的需求。视听衍生品企业利用互动式体验营销，让玩家进入游戏之中，通过对《生化危机》游戏的热情来带动电影票房，最终取得了显著的效果。我们不难看出，互动式体验营销对于视听衍生品产业有重要的作用，它可以让消费者以不同角度停留在视听情境之中，比如通过对游戏的热爱保持对电影的热爱。而作为视听衍生品企业，不仅在衍生品方面赚得盆满钵满，同时也促进了电影票房的增长，因此可以说，互动式体验营销是视听内容衍生品产业进一步发展的重要方向。

二、个性化限量营销

所谓个性化限量营销，包含了两个重要概念——个性化与限量。个性化最简单的理解就是投其所好，以独有的方式满足消费者的消费需求，指企业直接面向消费者、直接服务于消费者、根据消费者的要求来制作独一无二的产品。这种方式避开了中间环节，重视创新和服务，是目前较为主流的一种视听内容衍生品产业的营销方式，也是企业制胜的武器。在 21 世纪的今天，个性化显得尤为重要。[①] 除了个性化的营销策略之外，限量销售营销模式也开始为越来越多的企业所采用。限量销售是一种饥饿式营销，指企业通过有意降低产量使商品具有稀缺性，以改变供求关系，达到

① 参见赵娅琳：《大众文化消费心理对艺术产业发展的影响》，山东大学 2012 年硕士论文。

供不应求的效果。在这个过程中，企业虽然降低了商品的生产数量，但提高了单个产品的售价和利润，我们可以认为这是一种变相的加价手段，不得不承认，在当今社会，限量销售已经成为一些企业获得高利润的最佳营销模式。个性化限量销售既满足了消费者对于视听内容衍生品个性化的要求，又造成了产品供不应求的现象，促使消费者的需求进一步增长，甚至出现排队购买、预约购买等火爆的销售场面。

以美国迪士尼公司为例，美国迪士尼公司在成立 90 周年之际，推出了一款全球限量 100 部的迪士尼专属手机，该手机就是个性化限量营销模式的代表之作。虽然迪士尼不是奢侈品牌，但因为迪士尼的知名度，其限量全球发售的 100 部迪士尼专属手机还是受到消费者的大力追捧，为企业赚取了可观的收益。迪士尼专属手机在设计方面完全采取个性化元素，在多处设计中采用了米老鼠的经典形象，同时赠送多个手机外壳，以此来满足不同消费者对于外观设计的要求，这种产品的营销理念就完全符合个性化要求。仅仅生产 100 部手机就是要人为地造成商品的稀缺性，让市场供求产生变化，让市场进入卖方市场，一旦市场掌握在卖方手里，迪士尼专属手机就可以凭借其独特性拉高手机售价。因此迪士尼专属手机的售价远远高于其实际价值，但凭借着特殊的纪念意义和限量的珍贵性还是引发了消费者的抢购，发售不到 1 分钟就被抢购一空。由此可见，个性化限量营销模式是一种优质的营销模式，对于视听衍生品产业来说，制造一些具有个性的衍生产品，同时人为造成稀缺的假象，反而在效果和利益方面更容易取得双赢，因此个性化限量营销模式值得在视听内容衍生品产业进一步推广。

三、自我式网络营销

自我式网络营销主要包含两个概念，一是自我式的营销方式，一是网络销售渠道，两者相互配合，共同构成自我式网络营销的新模式。自我式营销主要是指由某个人或某个团体通过自我介绍和自我经历的表达，采用创新、幽默、惊奇等方式来展示自我形象，同时展示其创造的产品形象，以个人魅力带动产品销售的一种创新营销模式。简而言之，自我式营销模式就是“我为自己代言”，通过个人魅力来带动产品销售，在成功销售自己之后再对产品进行销售，是一种较为成功的营销方式。网络营销则主要是指销售渠道的不断互联网化。在当今社会，网络所销售的商品的数量远远高于实体店的销售数量，并且成本更低。人们通过网络选购商品，降低了销售成本，增加了衍生品生产商的利润，互联网也是目前视听内容衍生品企业选择的更加主流的销售渠道。

2015 年 3 月，备受期待的迪士尼电影《灰姑娘》正式上映。早在 2015 年 1 月，迪士尼公司就宣布同化妆品公司高丝进行合作，帮助高丝推出限量版的“灰姑娘”雪肌精珍藏品，以此向现代“灰姑娘”们献上美的敬意。[①] 在本次合作中，日本艺人新垣结衣成为高丝雪肌精品牌代言人，新垣结衣在日本拥有非常高的人气，而且又是一个形象甜美的女性，她以自己的魅力征服了诸多消费者，使高丝雪肌精销量大增。在代言过程中，新垣结衣以自己的经历上演了一部现实版灰姑娘的故事，为全世界女性带去了勇气和感动，就算身处陋室、艰难困苦，她也始终相信自己，相信会有更好的明天。新垣结衣一步步转变，通过自己的努力，终于成为日本的全民偶像，实现了“灰姑娘”的梦想。在这一经典营销案例中，新垣结衣就是采用了自我式营销方式，通过对自己真实经历的表述赢得了消费者的喜爱，成了著名偶像，其代言的商品也获得了热卖。与此同时，高丝雪肌精采用的销售渠道也具有一定的现代性。高丝雪肌精主要采用网络销售模式，在此基础上配合线下的实体店，让消费者可以先在实体店中体验产品，再通过网络选购商品，一方面降低了消费者的支出，同时也节省了高丝公司的门店费用，兼顾了消费者利益和企业利润，堪称成功的营销案例。

① 参见蔡亚南：《日本动画产业特征研究》，山东大学 2013 年博士论文。

（图片来自电影《灰姑娘》）

第三节　探寻视听内容衍生品产业消费者心理

众所周知，视听内容衍生品产业取得成功的关键在于抓住消费者的心理，生产与消费者心理相契合的产品。因此，在视听内容衍生产业运营过程中，如何抓住消费者心理成为经营者关注的主要问题。从美国市场的情况来看，消费者的心理需求主要体现在追逐即时性产品、崇尚个性化产品和渴求小众化产品三个方面。

（图片来自电影《超人》）

一、追逐即时性产品

我们所指的即时性产品主要是当季产品，比如服装产业，我们在冬季时往往会选择适合冬天的衣服，因为这样的衣服可以抵抗寒冷，满足我们的即时性需求。对于视听内容衍生品产业而言，消费者同样需要即时性产品。比如在电影《超人》上映期间，人们对于超人玩偶、服装、饰品的需求增加，一旦《超人》热度散去之后，相关的衍生品销售也逐渐下降，甚至被人们遗忘。消费者的这种需求就可以被称为即时性需求。

从事视听内容衍生品产业的经营者必须把握消费者对于即时性产品的需求，因此在电影拍摄过程中就应该着手运营相关衍生品的生产和制作，随着电影上映将筹备完善的衍生品一同投入市场，此时正是电影衍生品销售旺季；随着电影下线，电影衍生品的销售也开始走下坡路，除少数经典电影之外，大多数的衍生品将被人们淡忘。因此，作为视听内容衍生品经营者，必须抓住视听内容最火爆的时期进入市场进行衍生品销售，从而取得利润的最大化。

为什么人们会产生即时性消费的心理？因为电影、电视剧在热映期间，人们对于电影、电视剧的关注度较高，对于电影、电视剧中出现的玩偶、人物、服饰会更加关注，人们会出于对电影、电视剧的喜爱而选择购买相关衍生品。所以说，消费者是因为喜欢电影、电视剧，才购买相关衍生品，并不是仅仅喜欢衍生品本身。一旦电影、电视剧热度消散，消费者开始喜欢新的电影、电视剧，原有的电影、电视剧衍生品就会进入滞销状态。①

二、崇尚个性化产品

个性化产品主要是指不同于其他同类的产品，这些产品外观设计与众不同，具有一定个性化。进入 21 世纪以来，消费者的需求逐渐向个性化方向发展，他们不再千篇一律地选择同质化商品，转而开始追逐产品的个性，这种个性不仅仅局限在式样、功能、外观、品质、包装、设计，而且要延伸到产品个性化销售和产品个性化服务等方面。可以说个性化产品不仅仅可以满足消费者的使用需求，更能满足消费者追求个性的心理需求。比如，人们追捧电影、电视剧中主角的服装和饰品，一方面是出于对电影、电视剧的喜爱，另一方面也是由于电影、电视剧中的服装、饰品往往具备个性化特征，不同于市面上的其他服装、饰品，综合以上两点因素，消费者往往会选择购买电影、电视剧中出现的服装和饰品。

随着社会的不断发展，视听衍生品产业竞争日益激烈，人们可以在众多电影中选择自己喜爱的电影进行观看，更可以在众多的视听内容衍生品中任意挑选。虽然我们不得不承认，一款视听内容衍生品成功与否，大部

① 参见刘园园：《中美两国电影产业的相关比较研究》，安徽财经大学 2011 年硕士论文。

分取决于视听内容本身的质量以及视听内容本身的关注度，但仍有少数视听内容衍生品是依靠衍生品本身的魅力赢得大众的青睐，并且反过来促进了视听内容的销售。因此视听内容衍生品经营者还需要重视消费者需求，最大限度地实现衍生品的个性化，以此来满足消费者的需求，让衍生品本身更具魅力。[①]

由于社会快速发展，人们对于产品的选择具有多样性，在选择性充足的前提下，人们会开始重视产品的创新性，个性化的产品往往都因为创新而与众不同。正是在社会发展和创新性不断被强化的过程中，人们的消费需求开始逐渐个性化，消费者渴望拥有与众不同的产品，并以此来证明自己的独特性，因此个性化产品需求便成为消费者的一种消费心态。

三、渴求小众化产品

小众化产品是与大众化产品相对应的，它在某种程度上与个性化产品有一些类似，但本质上却又存在区别，小众化产品是指满足社会某一小部分群体需求的产品，这个群体在某种消费心态上具有高度一致性，从而形成了一个消费圈子。以美国著名电影《摇滚夏令营》为例，该片讲述的是一个梦想成为摇滚歌手的少年一路追逐梦想的过程，充满了励志元素，成为诸多摇滚迷必看的影片之一。在这部电影的衍生品运营过程中，电影中的插曲和音乐是衍生品销售的关键所在，电影中诸多音乐成为备受摇滚迷追捧的衍生品。

在当下社会环境中，小众人群由于兴趣、爱好的高度一致形成了一个又一个的小圈子，他们往往执着地追求某种事物。这类人群对视听内容衍生品的购买欲望和购买能力往往非常惊人，视听内容衍生品制作者仅需满足他们的需求即可获得成功。视听内容衍生品运营商不再关注大众化需

① 参见王佳：《动画形象与品牌塑造之关系研究——以迪士尼、宫崎骏、奥斯洛为例》，山东大学 2010 年硕士论文。

求，因为大众化需求难以捉摸，并且没有统一标准，而关注小众化人群反而相对容易取得成功。因此，美国视听内容衍生品逐渐向小众化发展，将营销重点放在满足小众消费者的需求上。

为什么小众化消费反而会产生更强大的购买力？小众化人群由于拥有共同的爱好和兴趣，他们之间的沟通更加顺畅，同时由于人数较少，彼此沟通更加深刻，且容易被同伴影响。当自己关注的视听内容衍生品发行之时，他们在彼此的影响下容易形成一股强大的购买力，因此这种小众化消费模式开始逐渐为视听内容衍生产业营销所重视。

第四节　未来视听内容衍生品产业的发展趋势

视听内容衍生品产业已经逐渐形成具备一定规模效应的文化产业，随着社会的不断发展，电影事业的不断进步，未来留给视听内容衍生品的市场份额越来越大。以美国电影产业为例，视听内容衍生品产业的利润往往是电影票房的 3 倍以上，因此我们可以判断，视听内容衍生品产业的前途十分光明。坐拥如此庞大的市场，视听内容衍生品产业经营者之间的竞争日趋激烈，如何在激烈的竞争中脱颖而出，就成了视听内容衍生品营销的关键所在。

一、创意提升产品的附加价值

一般认为，视听内容衍生品产业属于文化产业的一种，因此视听内容衍生品产业的创意设计和科技含量对于提升其价值意义重大。成功的视听内容衍生品一般需要视听内容为其扩大传播影响，另一方面也需要重视自身的个性与差异。视听内容衍生品产业对于创意的应用十分看重，要求设计人员不能只注重产品的单一要素，其设计本身需要具备多种功能，不仅要蕴含电影本身的文化特征，而且必须精雕细刻，注重产品设计的造型感和功能性。只有具有创意的视听内容衍生品才能赢得消费者的青睐，才能创造出更多的价值。

视听内容衍生品产业应该秉承创意理念，注重科技力量的投入，全面整合行业内的优势资源，优化资源配置，积极发挥创意人员的才智，让视听内容衍生品不仅具备视听内容元素，同时具有极高的创意附加价值。只有这样，视听内容衍生品产业才能在日益激烈的竞争环境中脱颖而出，才能取得视听内容衍生品营销的胜利。

二、网络成为视听内容衍生品营销的主战场

进入 21 世纪之后，互联网成为营销的主要渠道，网络渠道相比传统渠道具有一定的优越性。由于互联网的普及与发展，人们更愿意借助网络渠道选择商品。一方面，网络渠道降低了产品的成本，让视听内容衍生品产业省去了大量的租金和门店费用，同时销售价格也大幅度降低，更加满足了消费者的需求，更容易赢得消费者的青睐；另一方面，通过网络进行销售，消费者在选择商品时更加便利，省去了很多中间成本，客观上促进了视听内容衍生品销量的增长。①

作为视听内容衍生品产业的经营者，必须把握住网络销售渠道，让更多的消费者有机会接触到视听内容衍生品。这样，视听内容衍生品产业经营者不仅可以获取更多的利润，其影响力也将大幅度提升，让人们更加了解视听内容，提升视听内容本身的知名度。由此可见，网络销售渠道已经

① 参见杨婷：《整合营销传播视域下的好莱坞电影营销模式研究》，湖南师范大学 2013 年硕士论文。

成为视听内容衍生品产业经营者必须关注的一个重要销售渠道，也是未来视听内容衍生品产业主要的营销渠道。因此视听内容衍生品产业经营者必须要培训相关的网络人才，在网络销售中战胜其他竞争对手，从而获得网络营销的主动权，让网络营销成为视听内容衍生品产业的主战场。

三、“弱关系”是最佳生存方式

随着视听内容衍生品产业全球化进程的加快，美国等主要发达国家在视听内容衍生品产业方面做出的成绩值得我们借鉴，它们的经验和发展方向也是未来该产业主要的经验和发展方向。特别是近年来随着互联网的发展，在这个提倡“弱关系”的时代，人与人之间的关系在弱化，人与人之间的沟通和交流开始依赖微信、QQ 等一系列社交工具，沟通往往超越了面对面的信息交流，这让我们的社会开始存在一种“弱关系”交流的现象。在这种“弱关系”面前，人与人之间的交流开始变得广泛，同时也潜移默化地改变了传统的营销模式。对于视听内容衍生品产业而言，这种“弱关系”对其营销方式的影响更为显著，视听内容衍生品产业开始进入品牌营销和效果营销时代，通过微信、QQ 等社交工具与客户直接建立起了有效的沟通方式，而且不会对客户造成过多的困扰。

在这种“弱关系”时代，企业以某些知名平台为基础建立起营销关系网络，让消费者了解到视听内容衍生品产业的相关信息，潜移默化地改变了消费者的消费习惯，让整个营销方式充满了良性的互动和沟通，在这种“弱关系”面前，视听内容衍生品产业营销或将变得更加轻松。但“弱关系”时代要求视听内容衍生品产业营销服务做得更好，因为只有让消费者满意，视听内容衍生品产业营销才能逐渐走进每个消费者的生活，视听内容衍生品产业才能取得进一步的发展。

参考文献

[1] 唐荷. 国产电影之衍生品产业链设计和发展研究——以《喜羊羊与灰太狼》为例 [D]. 上海外国语大学，2012

[2] 田粟源. 电影版权评估研究——以中国电影市场为例 [D]. 山东财经大学，2014

[3] 赵翔. 电影《画皮 2》衍生品设计研究 [D]. 河北大学，2013

[4] 李秋. 我国上市电影企业价值研究 [D]. 首都经济贸易大学，2013

[5] 熊波. 新媒体时代中国电视产业发展研究 [D]. 武汉大学，2013

[6] 孙明强. 市场与规制：国产商业电影市场的实证研究 [D]. 武汉大学，2013

[7] 杨光琼. "后电影"产品的开发与营销策略研究 [D]. 湖南师范大学，2014

[8] 刘杰. 基于价值链的影视产业盈利模式创新研究 [D]. 河北大学，2014

[9] 李睿杰. 中国电影产业展模式研究 [D]. 西安外国语大学，2012

[10] 赵飞. 浅谈华语电影跨文化传播效果的提升策略 [J]. 芜湖职业技术学院学报，2015

[11] 朴珍妮. 新世纪以来中国电影衍生品的开发状况研究 [D]. 中国艺术研究院，2014

[12] 王沁沁，张宏．衍生的商机——电影衍生品的市场透视 [J]．当代电影，2011（10）

[13] 郝思洋．我国电影衍生品产业的知识产权保护瓶颈 [J]．太原师范学院学报（社会科学版），2011（2）

[14] 曹坤，李景怡，张晨光．衍生品：电影产业链下游的掘金点 [J]．当代电影，2012（5）

[15] 王磊，王陈．王磊：电影衍生品潜力巨大 [J]．大众电影，2011（6）

[16] 王成军，潘燕，刘芳．美国电影产业发展对中国文化产业兴起的启示 [J]．中国软科学，2014（5）

[17] 王晛．游戏衍生品使用行为影响因素实证研究 [D]．华南理工大学，2010

[18] 岳阳．论数字游戏衍生玩具产品的开发 [D]．南京师范大学，2013

[19] 李静修．从“开心农场”到“开心城市”——网络游戏的火爆再次为衍生品市场带来商机 [J]．玩具世界，2011（5）

[20] 王纯．网络桌游的受众分析——以“三国杀 online”为例 [D]．西南政法大学，2013

[21] 刘伟，莫凡．游戏威客：重新定义威客电子商务新价值 [J]．新闻传播，2014（2）

[22] 于淼．我国当代大学生网络游戏消费动机研究 [D]．吉林大学，2008

[23] 王晓．影视与电子游戏之间的产业融合性研究——以文本改编为中心 [D]．陕西师范大学，2013

[24] 隋波．手机游戏中用户黏度的研究 [D]．北京服装学院，2014

[25] 黄娟娟．我国网络游戏产业盈利模式研究 [D]．华中师范大学，2013

[26] 范高宁. 网络游戏植入式广告的传播特性研究 [D]. 北京邮电大学，2013
[27] 王风云. 美国传媒国际化经营研究 [D]. 上海交通大学，2013
[28] 夏瑛. 动漫传播与知识经营——日本动漫产业研究 [D]. 浙江大学，2014
[29] 刘纯. 基于演化经济学的动漫品牌价值评价与管理体系研究 [D]. 中南大学，2011
[30] 施育华. 国内真人秀节目整合营销模式研究 [D]. 北京交通大学，2011
[31] 赵娅琳. 大众文化消费心理对艺术产业发展的影响 [D]. 山东大学，2012
[32] 孙亭. 美国电视剧产业发展研究 [D]. 厦门大学，2014
[33] 蔡亚南. 日本动画产业特征研究 [D]. 山东大学，2013
[34] 刘园园. 中美两国电影产业的相关比较研究 [D]. 安徽财经大学，2011
[35] 王佳. 动画形象与品牌塑造之关系研究——以迪斯尼、宫崎骏、奥斯洛为例 [D]. 山东大学，2010
[36] 杨婷. 整合营销传播视域下的好莱坞电影营销模式研究 [D]. 湖南师范大学，2013
[37] 唐宏峰. 大电影观念下的影视研究——读《大电影时代》[N].《人民日报》，2011-7-19
[38] 丁亚平. 大电影时代 [M]. 北京：文化艺术出版社，2011
[39] 张英进. 多元中国 : 电影与文化论集 [M]. 南京 : 南京大学出版社，2012
[40] 刘藩. 电影产业经济学 [M]. 北京：文化艺术出版社，2010
[41] 金冠军. 电影产业概论 [M]. 上海：复旦大学出版社，2012
[42] 王大勇，艾兰. 电影营销实务 [M]. 北京：中国民主法制出版

社，2011

[43] 张小争. 电影娱乐营销：媒体工业化操作七种武器 [M]. 北京：中国传媒大学出版社，2010

[44] 周黎明. 好莱坞启示录 [M]. 上海：复旦大学出版社，2005

[45] 吴春集. 中国电影营销：理论与案例 (1993—2012)[M]. 上海：上海交通大学出版社，2012

[46] 张梦香. 浅析美国电影机构的商业性 [J]. 电影评介，2012 (6)

图书在版编目（CIP）数据

视听内容的产业链开发 / 曹畅编著 .
—北京：中国传媒大学出版社，2016.6
（视听传播专业丛书）
ISBN 978-7-5657-1683-6

Ⅰ.①视…
Ⅱ.①曹…
Ⅲ.①视听传播—产业链—研究—中国
Ⅳ.①G206.2

中国版本图书馆 CIP 数据核字（2016）第 080296 号

视听传播专业丛书
视听内容的产业链开发
Derivatives Development of Audio-Visual Art

编 著 者　曹　畅
策划编辑　姜颖昳　司马兰
责任编辑　姜颖昳　司马兰
封面设计　赵　彤
责任印制　曹　辉

出版发行　中国传媒大学出版社
社　　址　北京市朝阳区定福庄东街 1 号　　邮编：100024
电　　话　010-65450532 或 65450528　　传真：010-65779405
网　　址　http://www.cucp.com.cn
经　　销　全国新华书店

印　　刷　北京盛旺世纪彩色印刷有限公司
开　　本　710mm × 1000mm　1/16
成品尺寸　170mm × 240mm
印　　张　9.5
印　　次　2016 年 8 月第 1 版　2016 年 8 月第 1 次印刷

书　　号　ISBN 978-7-5657-1683-6/G · 1683
定　　价　45.00 元